21世纪日语系列教材

データでわかる
新日本社会
现代日本社会

- 主　编／边　静
- 副主编／范玉梅
　　　　　〔日〕井田正道
　　　　　〔日〕望月佐多子

北京大学出版社
PEKING UNIVERSITY PRESS

图书在版编目 (CIP) 数据

现代日本社会 / 边静主编. —北京：北京大学出版社，2019.1
（21 世纪日语系列教材）
ISBN 978-7-301-29277-8

Ⅰ.①现… Ⅱ.①边… Ⅲ.①日语–高等学校–教材 ②日本–概况 Ⅳ.① H369.39 ② K931.3

中国版本图书馆 CIP 数据核字 (2018) 第 033854 号

书　　名	现代日本社会 XIANDAI RIBEN SHEHUI	
著作责任者	边　静　主编	
责任编辑	兰　婷	
标准书号	ISBN 978-7-301-29277-8	
出版发行	北京大学出版社	
地　　址	北京市海淀区成府路 205 号　100871	
网　　址	http://www.pup.cn　新浪微博：@北京大学出版社	
电子信箱	lanting371@163.com	
电　　话	邮购部 010-62752015　发行部 010-62750672　编辑部 010-62759634	
印刷者	三河市博文印刷有限公司	
经销者	新华书店	
	787 毫米 ×1092 毫米　16 开本　13.75 印张　280 千字 2019 年 1 月第 1 版　2022 年 9 月第 2 次印刷	
定　　价	39.00 元	

未经许可，不得以任何方式复制或抄袭本书之部分或全部内容。
版权所有，侵权必究
举报电话：010-62752024　电子信箱：fd@pup.pku.edu.cn
图书如有印装质量问题，请与出版部联系，电话：010-62756370

目录 CONTENTS

现代日本社会

前言 ······················· 1

绪章　真实的日本 ············· 1

日本的基本信息 ··············· 2
日本都道府县的特点 ··········· 8

第一章　日本的家庭 ········· 11

基本信息◆日本的家庭 ········· 12
Topic 1　家庭内部角色分担 ····· 14
Topic 2　老人的护理 ··········· 16
Topic 3　日本人的结婚与离婚 ··· 18
重要词汇 ······················ 20
练习题 ························ 21
专栏①　"便当"——妈妈的味道 ··· 22

第二章　日本的住宅 ········· 23

基本信息◆日本的住宅 ········· 24
Topic 1　传统住宅 ············· 26
Topic 2　现代住宅 ············· 28
Topic 3　公共住宅 ············· 30
重要词汇 ······················ 32
练习题 ························ 33
专栏②　不会正坐、也不愿正坐的
　　　　年轻人 ················ 34

第三章　日本的饮食生活 ····· 35

基本信息◆日本的饮食生活 ····· 36

Topic 1　日本料理与日本人 ····· 38
Topic 2　饮食生活的变化和"食育" ··· 40
Topic 3　食品的安全性 ········· 42
重要词汇 ······················ 44
练习题 ························ 45
专栏③　重归慢食生活 ·········· 46

第四章　日本的物价 ········· 47

基本信息◆日本的物价 ········· 48
Topic 1　日本的物价 ··········· 50
Topic 2　消费税和关税 ········· 52
Topic 3　特价商店 ············· 54
重要词汇 ······················ 56
练习题 ························ 57
专栏④　永无休止的
　　　　"牛肉盖饭价格战" ····· 58

第五章　日本人的礼仪 ······· 59

基本信息◆日本人的礼仪 ······· 60
Topic 1　不给他人添麻烦 ······· 62
Topic 2　店员的待客礼仪 ······· 64
Topic 3　日本人的用餐礼仪 ····· 66
重要词汇 ······················ 68
练习题 ························ 69
专栏⑤　日本人在地震时的表现震惊
　　　　世界 ·················· 70

第六章　日本的交通 ········· 71

基本信息◆日本的交通 ········· 72
Topic 1　日本的道路交通 ······· 74
Topic 2　公共交通系统 ········· 76

Topic 3　日本交通的特点⋯⋯⋯⋯ 78	练习题⋯⋯⋯⋯⋯⋯⋯⋯⋯⋯⋯⋯ 117
重要词汇⋯⋯⋯⋯⋯⋯⋯⋯⋯⋯⋯ 80	专栏⑨　"呆萌吉祥物"与地方城市
练习题⋯⋯⋯⋯⋯⋯⋯⋯⋯⋯⋯⋯ 81	再开发⋯⋯⋯⋯⋯⋯⋯⋯ 118
专栏⑥　世界首条新干线，五十多年	
零伤亡⋯⋯⋯⋯⋯⋯⋯⋯ 82	

第七章　日本的环境对策⋯⋯⋯⋯ 83

基本信息◆日本的环境对策⋯⋯⋯ 84
Topic 1　日本人的环保意识⋯⋯⋯ 86
Topic 2　森林保护与环境保护活动⋯ 88
Topic 3　日本的环保技术⋯⋯⋯⋯ 90
重要词汇⋯⋯⋯⋯⋯⋯⋯⋯⋯⋯⋯ 92
练习题⋯⋯⋯⋯⋯⋯⋯⋯⋯⋯⋯⋯ 93
专栏⑦　日本的街道为何
　　　　"一尘不染"？⋯⋯⋯⋯⋯ 94

第八章　日本的防灾对策⋯⋯⋯⋯ 95

基本信息◆日本的防灾对策⋯⋯⋯ 96
Topic 1　日本人的防灾意识⋯⋯⋯ 98
Topic 2　防灾教育和志愿者⋯⋯⋯ 100
Topic 3　政府及企业的应对⋯⋯⋯ 102
重要词汇⋯⋯⋯⋯⋯⋯⋯⋯⋯⋯⋯ 104
练习题⋯⋯⋯⋯⋯⋯⋯⋯⋯⋯⋯⋯ 105
专栏⑧　奇迹一棵松⋯⋯⋯⋯⋯⋯ 106

第九章　日本的城市⋯⋯⋯⋯⋯⋯ 107

基本信息◆日本的城市⋯⋯⋯⋯⋯ 108
Topic 1　现代城市的诞生⋯⋯⋯⋯ 110
Topic 2　日本的主要城市⋯⋯⋯⋯ 112
Topic 3　城市郊区化和地方圈⋯⋯ 114
重要词汇⋯⋯⋯⋯⋯⋯⋯⋯⋯⋯⋯ 116

第十章　日本的经济⋯⋯⋯⋯⋯⋯ 119

基本信息◆日本经济⋯⋯⋯⋯⋯⋯ 120
Topic 1　日本经济的发展⋯⋯⋯⋯ 122
Topic 2　日本的产业⋯⋯⋯⋯⋯⋯ 124
Topic 3　日本的贸易⋯⋯⋯⋯⋯⋯ 126
重要词汇⋯⋯⋯⋯⋯⋯⋯⋯⋯⋯⋯ 128
练习题⋯⋯⋯⋯⋯⋯⋯⋯⋯⋯⋯⋯ 129
专栏⑩　东京奥运会成功申办能否推动
　　　　日本经济复苏⋯⋯⋯⋯⋯ 130

第十一章　日本的企业⋯⋯⋯⋯⋯ 131

基本信息◆日本的企业⋯⋯⋯⋯⋯ 132
Topic 1　年功序列与终身雇佣制⋯ 134
Topic 2　日本企业的"菠菜法则"⋯ 136
Topic 3　支撑日本的制造业⋯⋯⋯ 138
重要词汇⋯⋯⋯⋯⋯⋯⋯⋯⋯⋯⋯ 140
练习题⋯⋯⋯⋯⋯⋯⋯⋯⋯⋯⋯⋯ 141
专栏⑪　"经营之神"——松下公司
　　　　创始人松下幸之助⋯⋯⋯ 142

第十二章　日本的政治⋯⋯⋯⋯⋯ 143

基本信息◆日本政治⋯⋯⋯⋯⋯⋯ 144
Topic 1　选举制度⋯⋯⋯⋯⋯⋯⋯ 146
Topic 2　日本的政党⋯⋯⋯⋯⋯⋯ 148
Topic 3　日本的地方自治⋯⋯⋯⋯ 150
重要词汇⋯⋯⋯⋯⋯⋯⋯⋯⋯⋯⋯ 152
练习题⋯⋯⋯⋯⋯⋯⋯⋯⋯⋯⋯⋯ 153

目录 CONTENTS

专栏 ⑫　日本为何频繁更换
　　　　内阁首相?……………………154

第十三章　日本的大众媒体 ……… 155

基本信息◆日本的大众媒体 …………… 156
Topic 1　报道自由与权利问题 ………… 158
Topic 2　日本的电视与报纸 …………… 160
Topic 3　媒体在发展过程中的问题 …… 162
重要词汇 ………………………………… 164
练习题 …………………………………… 165
专栏 ⑬　日本的体育报纸着实
　　　　引人注目……………………… 166

第十四章　日本的学校教育 ……… 167

基本信息◆日本的学校教育 …………… 168
Topic 1　课外活动与学校活动 ………… 170
Topic 2　社团活动 ……………………… 172
Topic 3　校外活动 ……………………… 174
重要词汇 ………………………………… 176

练习题 …………………………………… 177
专栏 ⑭　重视教育的日本，100 年
　　　　前的入学率已达 95%………… 178

第十五章　日本的社会问题 ……… 179

基本信息◆日本的社会问题 …………… 180
Topic 1　少子老龄化问题 ……………… 182
Topic 2　生活问题 ……………………… 184
Topic 3　教育问题 ……………………… 186
重要词汇 ………………………………… 188
练习题 …………………………………… 189
专栏 ⑮　在超老龄社会中重新寻找
　　　　人生追求……………………… 190

索引 …………………………………… 191
后记 …………………………………… 203
参考资料 ……………………………… 204

前言

本书为北京科技大学规划教材,内容在《新日本社会》(北京大学出版社)的基础上,加入了最近两年的研究成果和数据,为读者理解现代日本社会及中日两国的异同提供参考。

本书主要为"现代日本社会文化"课程编写,同时适用于通识教育的课堂教学和自学。本书也可作为大众读物,供对现代日本社会、文化感兴趣的读者阅读、思考。

本书由16章构成,对应高校一学期16—18周的教学。全书力图使用最新数据,全方位呈现现代日本社会的特点,包括日本的政治经济、日本人的生活和现阶段的社会问题。内容全面、新颖、有趣味性。本书除"绪章"的总体介绍外,其余各章每章围绕一个主题进行阐述。各章中首先列出该主题的基本知识点,然后用Topic1、Topic2、Topic3提出与本章主题相关的3个侧面进一步介绍。之后在"重要词汇"部分集中解释本章中出现的关键词汇。随后是练习题,包括基本问题和应用问题。最后设有相对独立的"专栏",讨论一个与日常生活相关却容易被忽略的问题,引发读者从更多角度深入思考。

本教材有如下特色:

结构合理:各章采取同样结构,从不同侧面层层深入阐释。结构一目了然,内容由浅入深、循序渐进。

视点新颖:本书从日本人和中国人的不同视角剖析现代日本社会,同时有意识地关注中日社会之异同,可为读者提供多样的思考方式。

知识点新:本书选取新近权威统计数据深入浅出介绍日本社会,有利于学生宏观把握日本社会的发展脉络。

趣味性强:本书避免枯燥的知识点的罗列,力图用贴合内容的照片图片、数据图表等与文字配合,让读者在轻松愉悦地阅读的过程中,较全面地掌握知识,并激发读者进一步学习探讨的兴趣。

本书由中方人员边静、范玉梅,日方人员井田正道、望月佐多子共同编写。其中,井田老师和望月老师均为有丰富教学经验的日籍教师，他们在中国工作多年，热爱日语教育事业，为中日友好奉献着几乎所有的精力。井田老师和望月老师在全书的构成、章节的撰写和后期的校对等各个方面承担了繁重的任务。可以说没有两位老师的智慧和贡献，本书不会顺利问世。中方编者边静和范玉梅为北京科技大学外国语学院教师。这两位教师留学日本多年，回国后长期从事中日社会比较研究和日语教育工作。她们将自己的专业知识运用到本书的编写中，力图为读者提供更多的思考和认识角度。

希望我们精心编写的这部教材，能够成为读者正确、全面理解日本社会文化的桥梁，并为中日两国人民的友好略尽绵薄。

最后，感谢北京科技大学毕业生王潇、桂媛媛、李秋宁同学在资料的翻译、数据的整理等方面付出的辛苦。还要特别感谢北京大学出版社和兰婷编辑为本书的出版提供的帮助。

编者代表　边静
2018年10月

绪章
真实的日本

在开始阅读本书之前，首先让我们来了解一下日本的基本情况。中国和日本同属亚洲圈，自古以来，隔海相望的中日两国保持着密切的交流与联系。然而，日本也有许多方面颇具特色，却不为中国人熟知。

日本的首都	日本的货币	日本的面积	日本的总理大臣
日本的语言	日本的地形	日本的气候	日本的自然灾害
日本的人口	日本的产业	日本的交通	日本的政治
日本的宗教	日本的外交	日本的节日	日本的世界遗产
日本的诺贝尔奖获奖者		日本的行政划分	

大家对于日本有多少了解？

Q1、日本的首都位于哪里？

Q2、日本现任的总理大臣是哪一位？

Q3、日本最高的山是哪一座？

Q4、日本易发哪些自然灾害？

Q5、日本大约有多少人口？

Q6、日本一年中约有多长时间的节假日？

Q7、日本的世界遗产有哪些？

Q8、你能说出多少个日本的都道府县？

日本的基本信息

【日本的基础知识】

　　日本位于亚洲东部，由日本列岛与周边数千个岛屿组成。中日两国隔海相望，自古以来两国在文化、贸易等诸多领域交流广泛。

◆国名：日本（日语中读作「にほん」或「にっぽん」）
◆官方语言：日语
◆首都：东京
◆面积：377,960 平方公里（世界第 62 位）
◆人口：约 1 亿 2649 万人 ※ 截至 2018 年 3 月
◆人口密度：337 人/平方公里
◆65 岁以上人口的比例：27.9%（2018 年）
◆平均寿命：男性 80.98 岁（世界第 2 位）、女性 87.14 岁（世界第 1 位）※2016 年
◆内阁总理大臣：安倍晋三
◆天皇：明仁天皇（125 代）
◆年号：平成（2018 年为平成 30 年）
◆货币单位：日元（JPY）
◆历制：公历
◆国歌：《君が代（君之代）》
◆广域地方公共团体：47 个都道府县（1 都 1 道 2 府 43 县）
◆时差：与中国相差一小时（日本的 9 点为中国的 8 点）

【日本的语言】

　　日语是日本人的母语。日本在全国范围内实行日语义务教育，因此日本人的识字率几乎为 100%。日本也有方言，但方言差异没有中国的明显。

【日本的地形】

◆位置：日本位于亚欧大陆东部，太平洋西北部。日本东部和南部是一望无际的太平洋，西临日本海、东海，北接鄂霍次克海。
◆国土构成：日本的国土面积约为 37.8 万平方公里，是中国的二十五分之一。由本州、北海道、九州、四国等 4 个大岛与约 7000 多个小岛屿组成。地形由东北向西南延伸，南北长约 3000 公里。日本山多，森林覆盖率达 60% 以上。

◆ 山地：日本约有四分之三的国土是山地和丘陵。著名的飞弹山脉、木曽山脉、赤石山脉纵横贯穿日本本州中部，被称为"日本的阿尔卑斯山脉"和"日本屋顶"。日本处在活跃的环太平洋造山区，火山活动频繁，因此易形成湖泊、温泉资源丰富。富士山（3776米）是日本最高山脉，目前已被列入世界文化遗产名录。

◆ 平地：与广阔的山地和丘陵相比，日本仅有四分之一的国土为平地。其中，关东平原是日本最大的平原，其范围包括利根河流域和1都6县，总面积约17000平方公里。

◆ 河流·湖泊：日本的河流有三大特征，即水流短小湍急、流域面积小和水量变化大。其中，琵琶湖（670平方公里）是日本面积最大的湖。信浓河（367平方公里）是日本最长的河流。利根河（16840平方公里）是日本流域面积最广的河流。

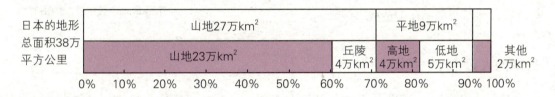

【日本的气候】

日本位于中纬度地带，气候温和，四季分明。日本的气候可大致分为太平洋式气候和日本海式气候。

- 太平洋沿岸气候区夏季多雨，冬季干燥。
- 日本海沿岸气候区夏季相对干燥，冬季多雪。
- 北海道气候区冬季漫长，日本海岸侧降雪量大，气温低。
- 西南岛屿气候区全年气温高，台风易引起强降雨。
- 濑户内气候区冬季温暖，年降水量小，晴天多。
- 中部高地气候区冬夏温差大，降水量少。

◆气候性质及特征
- 日本由众多大大小小的岛屿组成，因此整体为海洋性气候，气温变化不大，降水丰富。
- 日本国土呈南北走向的狭长弧状，因此南北气温相差较大。
- 纵跨日本列岛中央的山岳地带将日本分为太平洋式气候和日本海式气候，气候差别较大。
- 6月上旬至7月上旬，除北海道之外，日本各地区进入梅雨季节，出现一段持续时间较长的阴雨天气。

【日本的自然灾害】

- **地震**：日本地震灾害频发，并会引发海啸、山体滑坡、地裂等灾害。
- **海啸**：伴随地震发生的破坏性海浪。2011年的东日本大地震中，海啸造成了重大人员伤亡和财产损失。
- **火山喷发**：日本火山活动频繁，熔岩、火山灰、火山碎屑流和海啸等都会对周围地区造成一定程度的破坏。
- **梅雨和台风**：每年的6月至7月，日本进入梅雨季节，天气阴沉多雨。日本列岛是夏季台风的必经之路，因此夏季多发局部性暴雨，同时引发洪水、山体滑坡、泥石流等次生灾害。
- **雪灾**：北海道、东北地区、北陆地区等日本海岸地区以及山岳地区降雪量较大。大量积雪会影响交通正常运行，还会对农作物以及居民住宅造成一定影响。

东日本大地震中引发的海啸

【日本的人口】

日本人口约为1亿2649万（截至2018年3月），相当于中国人口的十一分之一。半数以上的人群集中在占国土面积14%的平原地区，其中东京、大阪、名古屋地区（三大城市圈）聚集了日本近半数的人口。因此日本存在人口"过密"和"过疏"问题。人口超过100万的大城市点状分布在日本各个地方，居民多居住在大城市中或其周围。

【日本的产业】

- **农业**：日本多为小规模经营的自耕农，以种稻为主。日本的农产品自给率较低。在贸易自由化的背景下，日本从国外进口价廉的农产品。
- **林业**：日本的森林覆盖率占到国土面积的三分之二。然而，1970年之后的木材进口自由化政策致使日本木材在市场上的竞争力下降，日本使用的木材多从外国进口。
- **水产业**：日本近海地区为暖流与寒流交汇地，因此渔业资源丰富，自古以来渔业比较发达。不过，日本明确规定了捕捞水域范围。同时，为保护现有自然资源，对捕鱼量也有严格限制。
- **工业**：日本作为工业化经济大国，国内生产总值（GDP）位居世界第三。首都圈至北九州的太平洋沿岸工业地带的工业发展尤为迅速。
- **服务业**：日本的综合商社负责和支撑着日本的批发行业。日本的零售行业也在积极拓展海外市场。另外，日本信息产业的发展领先于世界水平。

【日本的交通】

1964年，日本开通了世界第一条高速铁路——新干线。铁路网遍布整个日本，首都圈的铁路和地铁交通十分发达便捷。经济高速增长期以来，日本道路交通（包括高速公路）的发展也愈加迅速。另外，日本还拥有世界规模的海运公司和航空公司。

【日本的政治】

- ◆ **日本国宪法**：日本国宪法是日本最高法规，该宪法规定国会具有立法权。日本国宪法的三大原则是国民主权、尊重基本人权和和平主义。
- ◆ **象征天皇制**：天皇是日本国以及日本国民整体的"象征"，日本天皇并无政治实权，只是执行宪法规定下的相关国事行为。
- ◆ **国家政治**：日本的政治事务主要由国会和内阁负责。日本实行议会内阁制，即国会与内阁彼此独立并相互协作，共同处理政治事务。
- ◆ **三权分立**：日本实行三权分立制，即将国家权力分为立法权、行政权和司法权，分别交由国会、内阁和法院负责。

【日本的宗教】

神道教与日本佛教是日本的主要宗教，信奉基督教及其他宗教的日本人很少。自古以来，日本人相信神与佛相互融合，相互折中，即所谓的"神佛习合"。因此，有近2亿的日本人同时信奉以上两种宗教。日本的佛教文化是由中国于公元6世纪传入的。

现代日本人虽然会进行宗教活动，但他们对于特定宗教的归属意识淡薄。人们并不在意一个人信奉哪种宗教或归属于哪一宗教流派。

日本人的宗教信仰比例

神道教：79.3%（约1亿100万人）
日本佛教：66.7%（约8500万人）
基督教：1.5%（约200万人）
其他：7.1%（约900万人）

文部科学省《宗教统计调查》2013年

【日本的外交】

日本与世界上许多国家建立了友好关系，并与这些国家长期以来互帮互助，积极推进贸易发展。第二次世界大战之后，日本尤其重视与国际影响力巨大的美国保持友好外交关系。同时，不断加强与亚洲各国以及澳大利亚和西欧各国之间的联系。

中日两国的交流历史可以追溯到两千年以前。日本吸收中国文化是多方面的，如汉字、佛教、历制及菜式等等，这些方面对于日本文化的形成起到了重要推动作用。中日两国一直保持着密切的贸易合作关系。目前，中国向日本出口农产品以及地下资源的同时，也从日本进口汽车和电气化产品等。

【日本的节日】

1月1日	元旦	7月第3个星期一	海之日
1月第2个星期一	成人节	8月11日（2016年起）	山之日
2月11日	建国纪念日	9月第3个星期一	敬老日
3月20日前后	春分	9月23日前后	秋分
4月29日	昭和日	10月第2个星期一	体育节
5月3日	宪法纪念日	11月3日	文化节
5月4日	绿之日	11月23日	劳动感恩节
5月5日	儿童节	12月23日	天皇诞生日

【日本的世界文化遗产】

- 知床半岛（北海道）
- 白神山地（青森、秋田）
- 平泉（岩手）
- 日光市的神社寺院（栃木）
- 小笠原群岛（东京）
- 富士山（静冈、山梨）
- 古京都遗址（京都、奈良、三重）
- 古奈良历史遗迹（奈良）
- 白川乡与五箇山的合掌造聚落（岐阜、富山）
- 富冈制丝场及近代绢丝产业遗迹群（群马）
- 明治工业革命遗迹：钢铁、造船和煤矿（山口、鹿儿岛、静冈等）
- 勒·柯布西耶的建筑作品（东京等）
- "神宿之岛"冲之岛·宗像及相关遗产群（福冈）
- 法隆寺地域的佛教建筑物（奈良）
- 纪伊山地的灵场和参拜道（和歌山、奈良）
- 姬路城（兵库）
- 石见银山遗迹及其文化景观（岛根）
- 广岛和平纪念公园（原子弹爆炸圆顶屋）（广岛）
- 严岛神社（广岛）
- 屋久岛（鹿儿岛）
- 琉球王国的城堡以及相关遗产群（冲绳）

【日本的诺贝尔获奖者】

1949年	汤川秀树	物理学奖		2002年	小柴昌俊	物理学奖
1965年	朝永振一郎	物理学奖		2002年	田中耕一	化学奖
1968年	川端康成	文学奖		2008年	南部阳一郎	物理学奖
1973年	江崎玲於奈	物理学奖		2008年	小林城	物理学奖
1974年	佐藤荣作	和平奖		2008年	益川敏英	物理学奖
1981年	福井谦一	化学奖		2008年	下村修	化学奖
1987年	利根川进	生理学或医学奖		2010年	铃木章	化学奖
1994年	大江健三郎	文学奖		2010年	根岸英一	化学奖
2000年	白川英树	化学奖		2012年	山中伸弥	生理学或医学奖
2001年	野依良治	化学奖		2014年	赤崎勇	物理学奖

2014 年	天野浩	物理学奖		2015 年	大村智	生理学或医学奖
2014 年	中村修二	物理学奖		2016 年	大隅良典	生理学或医学奖
2015 年	梶田隆章	物理学奖				

※ 南部阳一郎与中村修二在日本国内的研究成果（当时为日本籍）获诺贝尔奖。获奖时已加入美国国籍。

【行政划分】 1都1道2府43县

从地理位置上来看，日本可分为8个部分：北海道、东北、关东、中部、近畿、中国、四国、九州冲绳。从行政上来看，日本可分为1都（东京都）、1道（北海道）、2府（大阪府、京都府）和43个县。

都道府县代码	都道府县名	县厅（都厅、道厅、府厅）所在地	都道府县代码	都道府县名	县厅（都厅、道厅、府厅）所在地
1	北海道	札幌市	24	三重县	津市
2	青森县	青森市	25	滋贺县	大津市
3	岩手县	盛冈市市	26	京都府	京都市
4	宫城县	仙台市	27	大阪府	大阪市
5	秋田县	秋田市	28	兵库县	神户市
6	山形县	山形市	29	奈良县	奈良市
7	福岛县	福岛市	30	和歌山县	和歌山市
8	茨城县	水户市	31	鸟取县	鸟取市
9	枥木县	宇都宫市	32	岛根县	松江市
10	群马县	前桥市	33	冈山县	冈山市
11	埼玉县	埼玉市	34	广岛县	广岛市
12	千叶县	千叶市	35	山口县	山口市
13	东京都	新宿区	36	德岛县	德道市
14	神奈川县	横滨市	37	香川县	高松市
15	新潟县	新潟市	38	爱媛县	松山市
16	富山县	富山市	39	高知县	高知市
17	石川县	金泽市	40	福冈县	福冈市
18	福井县	福井市	41	佐贺县	佐贺市
19	山梨县	甲府市	42	长崎县	长崎市
20	长野县	长野市	43	熊本县	熊本市
21	岐阜县	岐阜市	44	大分县	大分市
22	静冈县	静冈市	45	宫崎县	宫崎市
23	爱知县	名古屋市	46	鹿儿岛县	鹿儿岛市
			47	冲绳县	那霸市

日本都道府县的特点

都道府县	读音	主要特点（城市、景点等）	当地特产
北海道地区			
北海道	ほっかいどう	札幌、函馆、札幌冰雪节、薰衣草花田	海产物、夕张甜瓜
东北地区			
青森县	あおもりけん	七夕灯节、白神山地	苹果
岩手县	いわてけん	盛冈、中尊寺金色堂、宫泽贤治	碗子荞麦面（一口面）
宫城县	みやぎけん	仙台、松岛	小竹叶鱼糕
秋田县	あきたけん	十和田湖、迎神节、秋田美人	切米糕（烤新米年糕）
山形县	やまがたけん	藏王、象棋棋子	米泽牛、樱桃
福岛县	ふくしまけん	会津若松、白虎队、猪苗代湖	喜多方拉面
关东地区			
茨城县	いばらきけん	水户、鹿岛鹿角足球俱乐部（日足联）	纳豆
栃木县	とちぎけん	日光东照宫、日光江户村	宇都宫饺子
群马县	ぐんまけん	草津温泉、尾濑风景区、富冈制丝厂	下仁田葱
埼玉县	さいたまけん	浦和、大宫、埼玉超级竞技场	草加仙贝
千叶县	ちばけん	东京迪士尼乐园、成田机场	落花生
东京都	とうきょうと	日本首都、浅草、秋叶原、东京晴空塔	雷门米花糖
神奈川县	かながわけん	横滨、横滨海湾大桥、横滨中华街	横滨烧麦
中部地区			
新潟县	にいがたけん	佐渡岛、田中角荣	鱼沼米
富山县	とやまけん	黑部大坝、富山药商	萤乌贼
石川县	いしかわけん	能登半岛、兼六园	轮岛涂
福井县	ふくいけん	东寻访、永平寺	越前蟹
山梨县	やまなしけん	富士山、武田信玄、富士急高原乐园	馎饦
长野县	ながのけん	1998年曾举办冬奥会、诹访湖	芜菁菜、信州荞麦面
岐阜县	ぎふけん	白川乡、下吕温泉	飞弹牛肉
静冈县	しずおかけん	富士山、足球之乡	静冈茶、鳗鱼
爱知县	あいちけん	名古屋、名古屋城、TOYOTA	酱汁猪排、米粉糕

都道府县	读音	主要特点（城市、景点等）	当地特产
近畿地区			
三重县	みえけん	伊势神宫、铃鹿赛道	伊势龙虾、松阪牛
滋贺县	しがけん	琵琶湖、安土城、比睿山	近江牛肉、鲫鱼寿司
京都府	きょうとふ	清水寺、金阁寺、天桥立	京都蔬菜、八桥饼
大阪府	おおさかふ	通天阁、日本环球影城	大阪章鱼烧
兵库县	ひょうごけん	神户、阪神甲子园球场、姬路城	神户牛肉
奈良县	ならけん	东大寺大佛殿、法隆寺	奈良酱菜
和歌山县	わかやまけん	白滨温泉、那智瀑布	梅干
中国地区			
鸟取县	とっとりけん	鸟取沙丘、大山	20世纪梨
岛根县	しまねけん	出云大社、石见银山、隐岐诸岛	河蚬、出云荞麦面
冈山县	おかやまけん	后乐园、桃太郎	吉备团子
广岛县	ひろしまけん	曾遭受原子弹袭击、严岛神社	红叶馒头
山口县	やまぐちけん	下关、秋吉台	河豚
四国地区			
德岛县	とくしまけん	阿波舞蹈、鸣门海峡	酸橘
香川县	かがわけん	濑户大桥、金比罗宫	赞岐乌冬
爱媛县	えひめけん	松山城、道后温泉	柑橘
高知县	こうちけん	土佐犬、坂本龙马、夜来祭	鲣鱼
九州冲绳地区			
福冈县	ふくおかけん	博多、太宰府天满宫	明太子、猪骨拉面
佐贺县	さがけん	吉野里遗迹、有明海	有田烧
长崎县	ながさきけん	曾遭受原子弹袭击、豪斯登堡	长崎蛋糕
熊本县	くまもとけん	阿苏山、熊本城	芥末莲藕
大分县	おおいたけん	别府温泉、由布院温泉	酸橙、香菇
宫崎县	みやざきけん	喜凯亚海洋巨蛋乐园、日向滩	甘薯烧酒
鹿儿岛县	かごしまけん	屋久岛、种子岛宇宙中心、樱岛	红薯、萨摩炸鱼肉饼
冲绳县	おきなわけん	一望无际的碧海	金楚糕、泡盛烧酒

第一章　日本的家庭

女性结婚后真的会辞去工作甘当全职主妇吗？

　　日本的女性结婚之后辞去工作，回归家庭成为全职主妇，负责家务。而丈夫负责在外打拼赚钱养家。想必这些对于日本家庭的描述，大家都有所耳闻吧？过去的日本，确实有很长一段时间是这种"男主外女主内"的角色分担模式。然而今天，日本正在悄然发生着变化。那么，现在的日本谁来带孩子、谁来照顾老人、家务又是如何分担的呢？本章，我们将跟您一起从多种角度探讨变化中的日本家庭。

> **关键词**
>
> 核心家庭　全职主妇　托儿所　双职工　育儿休假制度
> 家庭内角色分担　护理休假制度　老老护理　晚婚化　未婚化

基本信息◆日本的家庭

1. 日本的家庭结构

特征① 独身家庭增加
特征② 家庭结构多样化

　　20世纪70年代，在日本的家庭类型中，由夫妇和孩子构成的家庭最多。但是，近年来，日本的家庭结构发生了很大变化。

　　首先，三世同堂的家庭在减少，核心家庭化趋势明显。其主要原因是高龄夫妇的比例增长迅速，而越来越多的年轻夫妇希望享受二人世界的自由、不想被婆媳问题困扰等。

　　其次，一个人生活的日本人越来越多，由夫妇和孩子构成的家庭正在减少。这与日本人的晚婚化、未婚化甚至不婚化趋势有不可分割的联系。另外，随着日本进入老龄社会，孩子的独立离家，夫妇中一方的离世，也使得独居老年人不断增加。

　　不结婚有孩子的人的增加和离婚率的上升，导致日本出现不少单亲妈妈、单亲爸爸，这也促使日本的家庭结构较之过去越来越多样化。

日本的家庭类型

年份	夫妻二人家庭	夫妻与子女	父亲与子女	母亲与子女	其他类型	独居家庭
1970年	9.8	41.2	0.8	4.9	22.7	20.3
1990年	15.5	37.3	1.0	5.7	17.2	23.1
2010年	19.8	27.9	1.3	7.4	10.2	32.4

资料来源：总务省《国势调查》

2. 女性的社会参与

特征① 婚后继续工作的女性增多
特征② 女性的职场环境改善

　　近年来，随着日本女性大学入学率的上升，越来越多的女性希望在工作中发挥自己的特长。因此，女性结婚、生育和育儿的时期延后，晚婚化、未婚化明显。另外，还有一部分女性即使结婚以后，仍然希望继续工作以实现自我价值，当然也有人是因为经济上的原因而不得不工作的。

　　在日本，25岁至40岁的女性当中，有职业的比例比20年前增加很多。日本政府对《男女雇用机会平等法》进行修改，女性在职场的工作环境也有改善。如今，工作单位的产假、育儿休假等制度日渐完善，使女性婚后继续工作不再那么艰难。

结婚之后继续工作的女性不断增加，带来了家庭内部的家务分担的变化。但是，对于很多女性来说，仍然面临着难以兼顾家庭和工作的困难。

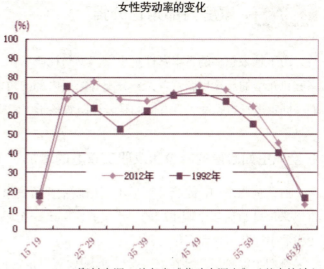

资料来源：总务省《劳动力调查》（基本统计）

3. 老年人的护理

特点① 家人是主要护理者
特点② 约7成护理者为女性
特点③ 老老护理不断增加

在日本，很多人需要对生病或行动不便的家人进行护理。这样的背景下，老人院和护理设施等社会公共服务日渐完备。但是，由于现阶段护理设施的不足和高额的费用，日本仍然处于以家庭成员为中心进行护理的阶段。全国范围看，护理者为同住家庭成员的占到六成以上。而同住的家人中，承担护理工作最多的是被护理者的配偶，其次是被护理者的子女。

同时，同住家庭成员中承担护理工作的女性要比男性多。而不论男性还是女性，超过60岁的护理者均超过六成。也就是说，在日本老年人护理老年人的"老老护理"正在增加。

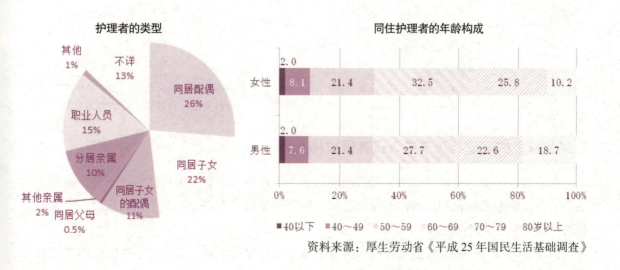

资料来源：厚生劳动省《平成25年国民生活基础调查》

Topic 1 家庭内部角色分担

由于越来越多的日本女性走出家门参与社会工作，夫妻双方都有工作的家庭也在增加。这也影响着家务分配等家庭内部的角色分担模式。本节，我们一同走进日本家庭，看看他们是怎样照看孩子、怎样分担家务的。

1. 全职主妇阶层的减少和双职工家庭的增加

所谓全职主妇，是指结婚后不工作而主要负责家务的女性。大家可能觉得日本的女性自古以来都是婚后当全职主妇的。不过，实际上，全职主妇这个阶层并非一直都有，而是在历史发展中逐渐出现和变化的。

全职主妇阶层，是在第一次世界大战后，随着雇佣劳动者的增加而产生的。第二次世界大战之后，日本经历了经济的快速增长。这一时期，全职主妇的人数也不断增加。但是，随着女性意识的变化、企业对女性劳动者的需求增加以及男性劳动者的雇佣不稳定等因素，越来越多的女性走出家庭进入社会，于是夫妇二人同时在外工作的家庭也在增加。20世纪70年代后半以来，日本全职主妇的人数开始下降。

全职主妇与双职工家庭的数量变化

（每一万户）

年份	全职主妇家庭	双职工家庭
1980	1,114	614
1982	1,096	664
1984	1,054	721
1986	952	720
1988	946	771
1990	897	823
1992	914	903
1994	943	930
1996	937	927
1998	956	889
2000	942	916
2002	951	894
2004	961	875
2006	977	854
2008	1,011	825
2010	1,012	797

资料来源：总务省《劳动力调查》

2. 越来越多的家庭将孩子送入保育园或托儿所

在中国，很多人会请自己的父母来照顾孩子。但日本人则更希望自己的孩子自己养育。当然，由于核心家庭化的影响，不与自己父母同住的年轻夫妇增加，对于他们来说，很难拜托自己的父母照顾自己的孩子。

因此，当夫妻双方都外出工作时，需要把孩子送进保育机构，或者妻子选择能够兼顾育儿的工作。很多女性为了维持家计外出工作，同时又要照顾孩子和考虑自我发展，可以说，她们不得不生活在多重压力之下。近年来，越来越多的家庭开始把孩子送入保育园或托儿所。

随着女性社会参与度的增加，城市中对于保育园、托儿所的需求度也在提高。有许多公司内部有比较完善的托儿机构。另外，在不少高尔夫球场、滑雪场、百货商店等娱乐休闲场所，也有一个小时1000日元左右能够利用的托儿机构。

3. 双职工家庭的家务分担

在日本，对于"男主外，女主内"这一传统观念持否定态度的人越来越多。日本政府为了创造便于女性工作的环境，颁布了《育儿休假制度》。同时，把孩子送入保育园、托儿所等机构的家庭也在增加。然而，在孩子满一岁之前，父亲一方利用《育儿休假制度》取得休假的比例，2010年时不到2%。也就是说，一个家庭中，妻子边工作边做家务、照顾孩子的家庭内角色分担模式，仍然没有改变。下表统计了双职工家庭夫妻双方在家务、育儿方面所花费的时间。可以看出，1991年以来的20年里，妻子一直是在照顾孩子的同时，几乎包揽了所有的家务。

外出工作，而家务量又没有减少的妻子，处于工作和家务的矛盾之中。如果她是正式员工，那么她必须努力完成分内工作，同时照顾孩子和家庭。即便她是非正式员工，由于近年来日本对于非正式员工的要求不断提高，她们也需要像正式员工一样地工作。丈夫收入降低、工作不稳定，也使得妻子不得不兼顾工作和家庭，负担越来越重。

双职工家庭的家务安排（一周）

性别		合计	工作	家务	育儿
男性	1991年	8小时27分	8分		3分
	2011年	8小时30分	6分		8分
女性	1991年	5小时14分	3小时38分		19分
	2011年	4小时34分	3小时27分		45分

资料来源：总务省《社会生活基本调查》

奔忙于工作和家庭之间的妻子的一天

尚子大专毕业后，进入某女式服装店工作。十年后，尚子结婚生子，并随后辞去工作。第二个孩子2岁时，尚子回到之前的服装店，作为临时的非正式员工重新开始工作。她每周工作5天，每天从10点到16点工作六个小时。尚子的丈夫是附近某大企业的会计科科长，没有时间管孩子、做家务。一边照顾两个年幼的孩子，一边工作的尚子，每天的生活忙忙碌碌。

5:00　起床、洗衣、做饭。
7:00　叫孩子起床，照顾孩子吃饭、换衣服。自己和丈夫吃早餐。
8:00　开车送孩子去保育园。
9:00　离开家去公司上班。到达公司。做营业前准备。10点钟准时站到柜台前。
16:30　一下班，立刻开车去保育园接孩子。买菜。准备晚餐。照顾孩子吃饭，收拾，给孩子洗澡，做第二天上保育园的准备，写孩子的家园联络册。丈夫下班，照顾丈夫吃饭。
24:00　就寝。

（本田一成著《主妇兼职者——最大的非正规雇用》，2010）

Topic 2 老人的护理

老龄化使得日本需要护理和照料的老人越来越多。那么，在日本，老人的护理问题是如何解决的呢？本部分，将跟您一起通过数据分析日本的老人护理问题。

1. 被认定为需要护理（支援）人员的老人数量增加

由于需要护理的老人不断增加，日本政府于 2000 年 4 月开始实行"护理保险"制度，以期用全社会力量共同负担重任。之后，按政府标准认定的需要护理（支援）人员的数量不断增加，由 2003 年的 287.7 万人增加到 2010 年的 490.7 万人。

2. 护理的场所

很多日本人希望能在自己家里接受护理。除自家以外，"老人福利设施""医院等医疗机构""老人保健设施"等外部服务也是日本人的选择。然而，从 2010 年的数据看，实际护理过自己的父母或配偶的人中，回答"主要利用了外部服务、设施"的人，只有两成左右。

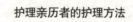

希望在哪里接受护理（%）

性别	自己家中	孩子家中	亲属家中	老人福利设施	老人保健设施	医院等医疗机构	民营有偿老人之家等	其他	无所谓
男性	42.2	1.3	0.4	18.3	11.3	16.7	2.3	1.0	6.6
女性	30.2	0.8	0.8	19.1	11.2	23.1	3.0	0.5	8.6

资料来源：内阁府"关于高龄者健康的意识调查" 2012 年

护理亲历者的护理方法

资料来源：第一生命经济研究所《2011 年人生设计白皮书》

3. 护理承担者

在日本，同住的家人仍是主要的护理承担者。而且，其中大部分是女性护理者。不过，最近男性护理者的人数也在渐渐增加。

与女性相比，男性护理者会将护理视为"工作"，很少抱怨。然而，正因为如此，对于护理的沉重负担和辛苦，男性护理者不容易与他人商量或分担，导致自己一个人承担着过多的压力，也容易变得孤独。在日本，"护理杀人"或"护理集体自杀"等虐待老人的案件，其加害者大部分是被护理者的儿子或丈夫。

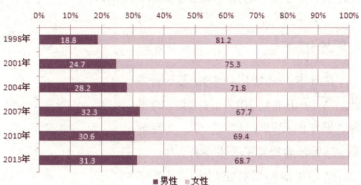

同住的主要护理者的性别构成

资料来源：厚生劳动省《平成25年国民生活基础调查》

4. 护理者的离职和转职

日本总务省的就业结构基本调查显示，2007年到2012年的5年间，因护理或照料他人而离职的人数达48.7万人。其中，女性38.9万人，占离职总人数的80%左右。护理者当中，利用过"护理休假制度"等制度支持的人非常少，仅有15%左右。

男女性 15 岁以上离职人口（2007—2012 年）　　（千人）

性别	合计	2007.10 —2008.9	2008.10 —2009.9	2009.10 —2010.9	2010.10 —2011.9	2011.10 —2012.9
男性	97.9	17.1	16.1	20.9	18.4	19.9
女性	389.0	71.5	65.7	77.7	65.9	81.2
合计	486.9	88.5	81.9	98.6	84.2	101.1

资料来源：总务省《平成24年就业构造基本调查》

5. 老老护理

从护理者与被护理者的年龄构成看，二者皆为60岁以上、65岁以上和75岁以上的情况，也就是老人护理老人的"老老护理"不断增加。护理痴呆老人的老人自己患了痴呆症，无法给予对方适当照顾，称为"痴痴护理"。"痴痴护理"和那些不堪护理重负而自杀的现象也在增加。

随着老人和家庭结构的变化，如何完善适合日本现阶段的护理体制，已成为日本社会亟待解决的问题。

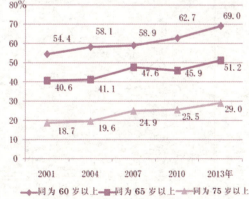

同住的主要护理者和被护理者的年龄构成

资料来源：厚生劳动省《平成25年国民生活基础调查》

Topic 3 日本人的结婚与离婚

人们都是为了构建幸福的家庭而走进婚姻殿堂的，但令人遗憾的是，人们也会因为许多理由离婚。那么，日本人的离婚率有什么变化呢？离婚后的生活又是怎样的呢？本部分带您一同探讨。

1. 晚婚化

在日本，晚婚化和未婚化不断发展，从 1970 年到 2012 年，男性的平均结婚年龄提高了 4 岁左右，女性的平均结婚年龄提高了 5 岁左右。

结婚年龄的提高是与大学升学率和女性社会参与度的提高有关，同时也是日本社会少子化的原因之一。

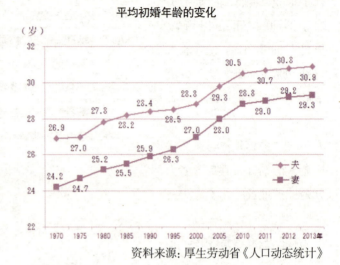

平均初婚年龄的变化

资料来源：厚生劳动省《人口动态统计》

2. 未婚化

20 世纪 70 年代前半叶之前，日本男性的未婚率虽然呈上升趋势，但基本比较稳定。但是，从 70 年代后半叶开始，随着日本晚婚化的发展，日本人各个年龄层的未婚率都在快速提高。

其中，需要关注的是终生未婚率（50 岁时的未婚率）的提高。终生未婚率的提高表明日本"全民皆婚习俗"正在瓦解。2010 年，日本男性的终生未婚率为 20% 左右，女性终生未婚率为 10% 左右。

日本未婚率的变化

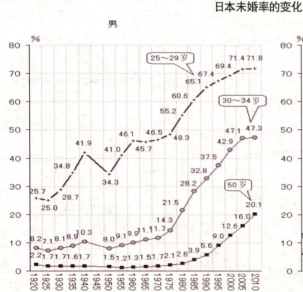

资料来源：总务省《国势调查》《日本长期统计系列》

3. 离婚率的变化

1960年之前，日本人的离婚率是在降低的。那之后，日本人的离婚率逐渐上升，到2002年，达到第二次世界大战之后离婚率的最高点。但是，从世界范围看，日本人的离婚率并不是很高。从下表可以看出，在71个国家离婚率的统计中，日本排在第36位。韩国的离婚率上升，表中为第17位，是亚洲国家中离婚率最高的国家。中国2012年的离婚率为1.8‰，比韩国低，但是与1998年中国的离婚率比较（0.95‰），上升了很多。

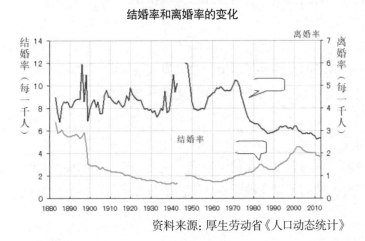

结婚率和离婚率的变化

资料来源：厚生劳动省《人口动态统计》

国际离婚率比较（每千人离婚率）

国名	年次	名次	离婚率
俄罗斯	2011	1	4.5
美国	2011	5	2.8
瑞典	2012	10	2.5
韩国	2011	17	2.3
英国	2011	25	2.1
日本	2012	36	1.9
中国	2012	37	1.8

资料来源：总务省《世界统计2014》

4. 离婚的原因

日本人离婚的原因，男性和女性之间有很大不同。首先，不论男女，离婚原因第一位都是"性格不合"，六成多的男性和四成多的女性列举了这一点。不过，虽说都是"性格不合"，但是不同夫妇之间，性格不合所包含的内容也不尽相同。

另外，相比较于男性，更多的女性将暴力、异性关系、不给生活费、精神上的虐待等列举为离婚原因。近年来，虽然家庭暴力的数量并不少，但较之前几年已呈下降趋势。而另一方面，将精神虐待和不给生活费等不伴有暴力的痛苦列举为离婚原因的女性，不断增加。

老年离婚

所谓"老年离婚"，是一种经过了多年的婚姻生活后，以离婚告终的现象，多指结婚20年以后的离婚。近年来，日本的老年离婚数量呈上升趋势，约占总离婚件数的20%左右。老年离婚的原因多种多样，其中，妻子对丈夫退休回家后的生活状态不满、长年累积的夫妻双方对婚姻生活的不满，以及核心家庭化所导致的对离婚抵触情绪的下降等，都是老年离婚的原因。

离婚原因（2013年） ※可多选

离婚原因	夫	妻
总数（件）	18345	48479
性格不合	63.5%	44.4%
异性关系（出轨）	15.5%	19.5%
暴力倾向	8.1%	24.7%
酗酒	2.4%	6.6%
性生活不和谐	1.3%	8.1%
铺张浪费	12.3%	12.1%
疾病	5.2%	3.4%
精神上的虐待	17.4%	24.9%
过度忽视家庭	6.9%	9.9%
与亲戚家人关系不好	14.9%	7.8%
不愿意同居	9.5%	2.7%
不给生活费	4.2%	27.5%
其他	20.1%	11.1%
不详	2.4%	2.5%

资料来源：《司法统计》 2013年

重要词汇

◆ **核家庭**
　　由一对夫妻和他们的孩子组成的家庭。日本的核家庭约占家庭总数的60%。由于婚后与自己父母同住的夫妻越来越少,如何护理和照料老年人,日渐成为日本的社会问题。

◆ **全职主妇**
　　指婚后不出去工作而主要负责家务劳动的女性。日本第二次世界大战后的经济高速增长时期,全职主妇的人数激增。20世纪70年代以后,全职主妇的人数在逐渐减少。

◆ **育儿休假制度**
　　根据《育儿、护理休假法》的规定,劳动者可以在孩子未满一岁之前休假的制度。2009年该法修订,规定当父母双方均休假时,他们可以在孩子满一岁两个月之前,取得最长不超过一年的假期。

◆ **需要护理(支援)的资格认定**
　　需要护理的本人或其家人向政府提出"需要护理(支援)的资格认定"申请,经审核,被认定为需要支援1、2度,或需要护理1—5度的等级的人,可以利用公共护理服务。

◆ **护理休假制度**
　　根据《育儿、护理休假法》的规定,劳动者通过向单位负责人提出申请,每当一位家庭成员需要长期护理时,便可休假一次,休假总计不超过93天。

◆ **老老护理**
　　是老人护理老人的现象。主要是指护理者和被护理者双方皆为65岁以上的老年夫妇、父母与孩子或兄弟姐妹的情况。进入超老龄社会的日本,家庭规模不断小型化,老老护理的家庭也逐年增加。

◆ **老年离婚**
　　"老年离婚"是一种经过了多年的婚姻生活后,以离婚告终的状态,多指结婚20年以后的离婚。近年来,日本的老年离婚件数呈上升趋势,约占总离婚件数的20%左右。

练习题

基本问题

问题 1　日本的家庭结构是如何变化的？

问题 2　日本女性的劳动率为什么呈 M 字形曲线，请说明理由。

问题 3　请列举日本老人护理的特点和问题。

问题 4　日本人的平均初婚年龄是如何变化的？

问题 5　日本女性离婚的主要原因是什么？

应用问题

问题 1　把孩子送入托儿机构会存在哪些问题？

问题 2　请列举女性社会参与的利与弊。

问题 3　请查阅中国人的离婚原因，并与日本比较。

专栏① "便当"——妈妈的味道

在日本，有母亲为孩子或妻子为丈夫制作"便当"的习惯。然而，"便当"文化却面临着危机。

比起中国菜，日本料理用油较少，凉吃也无妨，所以适合制作成便当食用。主妇们怀着对孩子和丈夫的爱，把亲手做好的煎鸡蛋、土豆饼、小香肠、炸鸡块、肉丸、饭团等装进便当盒，交给孩子和丈夫带去学校或公司。孩子感受着妈妈的爱健康成长，丈夫感受着妻子爱辛勤工作。

对于母亲来说，制作便当并不是件轻松的事情。学校基本上8：30左右上课，母亲则需要在7点之前准备好早餐和便当。还要买菜和准备各种食材。所以，做便当是个相当耗费精力和时间的工作。

近年来，让孩子拿钱中午在便利店买便当或饭团吃的家庭不断增加。然而，母亲制做的便当的意义，远远超过"让孩子吃饱"，那是一种让孩子感受到母亲的爱的传统习惯。

人们经常说日本人对家的爱不够。而"便当文化"恰恰是增进家庭成员之间联系和交流的重要载体。随着时代的变迁，这种传统文化会渐渐消失还是继续发扬光大呢？我们拭目以待。

第二章　日本的住宅

独户式与公寓式，日本人更喜欢哪种住宅？

提到日本住宅，很多人都会联想到传统日式房间中的榻榻米和隔扇。随着人们生活方式的改变以及建筑技术的进步，日本住宅的结构也发生了很大变化。如今，很多日本人都希望能拥有私人住宅，但是选择一套理想的住宅却并不是那么简单。本章主要介绍日本房屋为适应气候、风俗和时代潮流而产生的诸多变化，同时介绍现代日本人的居住观念。

关键词

独户住宅　普通公寓与高级公寓　房间格局　无障碍式设计
玄关　病屋综合征　LDK　押金和礼金

基本信息◆日本的住宅

1. 日本的居住特点——由日式向西式转变

特点① 进屋前需在玄关换鞋
特点② 传统的日式房间
特点③ 淋浴后泡浴

　　日本住宅的玄关是指住宅室外与室内之间的一个过渡空间。玄关前方有一个台阶，在上台阶之前一定要先脱掉鞋，换上室内用拖鞋或光着脚，再踏上台阶进入房间。因此，日语中将"进屋"表示为"家に上がる"（日语中"上がる"有踏上高处的意思）。另外，如果没有特别的事情，则可以穿着鞋，直接坐在玄关的台阶上与房主进行交谈。

　　"和室"是指铺满榻榻米的日本传统房间。过去，日本几乎所有的住宅都是纯日式房间，但是随着人们生活习惯的变化，日本住宅渐渐融入西洋风格，开始使用木地板。最近，纯西式风格的住宅也越来越多了。

　　关于洗澡，日本人通常是先用淋浴清洁身体，然后用浴缸舒适地泡澡，以此来消除一天的疲惫。由于一家人要共用浴缸里的热水，因此在进入浴缸前要将身体洗净。

玄关

日式房间

浴室

2. 住宅的类型——居住形态趋于多样化

特点① 大众的居住理想是拥有独门独院
特点② "团地"住宅及公寓等公共住宅增多
特点③ 学生及单身人士主要居住在单身公寓

　　日本工薪阶层的居住理想就是拥有一户独门独院的住宅。即使还贷时间长，上班路程远，但还是有很多人倾心于这种独立住宅。另外，住宅是否配备停车位也是人们购买住宅重点关注的问题之一。

"团地"住宅是由公司和地方政府建设并提供借贷的公共住宅。很多家庭最初都会选择"团地"住宅，直到生育孩子后，不得不考虑家庭环境的情况时才会考虑购买私人住宅。公寓之间也是存在区别的，有些高级公寓的价格甚至高于独户住宅。但是，现在越来越多的人出于安全性和私密性的考虑而倾向于选择公寓。

另外，学生及单身人士多租赁8帖（约15平方米）的独立公寓（带卫生间，浴室和厨房）或选择共用生活设施的房间。

住房类型

- 独户住宅 42%
- 公共住宅 55%
- 连排住宅 3%

资料来源：总务省统计局　2013年

独户住宅比例最高5县

地区	比例
秋田县	81.0%
山形县	79.8%
富山县	79.7%
福井县	78.5%
青森・和歌山	76.8%

公共住宅比例最高5县

地区	比例
东京都	70.0%
神奈川县	56.1%
冲绳县	55.9%
大阪府	55.2%
福冈县	51.1%

资料来源：总务省统计局　2013年

3. 购买住房——如何选择？

特点①　购房率为61.6%
特点②　购房人群主要集中在30—40岁之间
特点③　偿还贷款，通勤距离长

据日本统计局2013年的调查结果显示，日本的购房率为61.6%，其中流动人口众多的关东大城市的购房率要低于其他地区。

初次购房的主要为刚刚成家、生育孩子的30至40岁人群。购房前租房居住并积攒积蓄。准备好后，便要综合考虑房屋的价格、贷款、面积、结构、通勤时间、孩子教育以及治安等问题后再选择住宅。日本人常说，买房是一辈子一次的大事，因此会仔细考虑和设计后再做决定。

但是，由于受到日本泡沫经济的影响，日本民众的收入普遍不高，很多人仍苦于偿还长期的贷款。另外，也有人为了能住得更宽敞舒适，即使每天花大把时间挤电车上下班，也会坚持选择购买位于郊区的大房子。

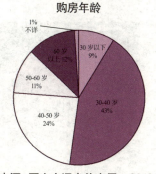

购房年龄

- 不详 1%
- 60岁以上 12%
- 50-60岁 11%
- 40-50岁 24%
- 30-40岁 43%
- 30岁以下 9%

资料来源：国土交通省住宅局　2013年

住房价格与自有资产的比例（万日元）

住房类型	自有资产	借款总额	购房总价	自有资产比例
定制房	1545	2069	3614	42.7%
商品房	1135	2462	3597	31.6%
二手房	1044	1188	2192	45.8%

※ 定制房 = 土地价格 + 建筑费用

资料来源：国土交通省住宅局　2013年

Topic 1 传统住宅

日本人为使房屋适应自然环境的变化，做了很多设计上的尝试。在住宅的修建过程、构造和房间布局上都有哪些精妙之处呢？本部分将对日本传统住宅的特点进行简单介绍。

1. 适应环境的房屋

◇ 无钉建筑

古代日本的住宅为木结构，不使用钉子。日本是地震多发国，在房屋承受地震作用引起的晃动时，木结构可以更好地释放力量，因此房屋不容易松动或倒塌。而使用钉子容易招引蛀虫和生锈。拥有几百年历史的寺庙能完好的保留至今正是利用了这种"不使用钉子"的建筑方法。

◇ 茅草屋顶

茅草屋顶是用干燥、厚实的植物根茎铺装而成。几十年便需要更换一次。修补屋顶时全村人共同帮忙，交流沟通，有经验者传授技术。因此这样的共同劳作也有助于地区的团结和技术的传承。

◇ 具有保湿作用的榻榻米

榻榻米由稻草，蔺草等植物制成，具有调节屋内湿度的作用。日本的传统房屋由木材，草类和纸构成，因此能够适应周围极其潮湿的环境。

◇ 益于环境·健康的当地木材

过去用于建造房屋的木材和茅草都是在附近采伐收集的，因此房屋比较适应当地的风土气候。而现在，若要在湿度较高的日本使用从国外进口的低价木材，则需要用化学药品进行加工。因此，古代房屋所使用的材料，无论是对环境，还是对健康来说，都是比较安全的。

2. "冬冷夏凉"的结构

镰仓时代的日本歌人、随笔作家吉田兼好在《徒然草》中提到，"修建住房，当主要考虑夏日的舒适。冬天什么地方都可以住，夏天却炎热潮湿，如果住所不舒适，是极其难熬的"。他的意思是说建造房子要重视应对夏季高温潮湿的天气，需要首先考虑如何度过夏天的问题。

房檐及檐廊

◇交流场所"檐廊"

　　传统房屋的外部是顺着屋顶延伸的房檐和位于其下方的檐廊。房檐阻止夏季阳光直射进屋内，檐廊则是屋内与屋外的过渡区域。家庭或邻里间可以坐在檐廊上喝茶、聊天，因此檐廊还是人们进行交流的外部场所。

◇利于通风的隔扇

　　拉开用于分割房间的隔扇，整个屋子就会成为一个大房间，新鲜空气即可透进屋内。但是由于房屋的密闭性较差，到了冬季，阳光又照射不到屋内，因此，寒风从缝隙吹进屋内，十分寒冷。

3. 以隔扇分割的房间布局

◇"田字形"的房间布局

　　过去房屋的布局多呈"田字型"。隔开房间的不是墙壁而是隔扇。用隔扇可以将房屋分隔为四个独立的小房间，当有客人来访时可取下隔扇形成一个很大的会客室。也就是说，根据人数和用途不同，可以利用隔扇实现大小空间的转换。

"田字形"住宅格局图例

◇屋内没有床、桌子和椅子

　　日本人习惯平时坐在坐垫上，就寝时直接将被褥铺在榻榻米上睡觉。因此，日式房间内一般不陈设桌子、椅子以及床等家具。这样，既可以自由地调整房间布局，又可以充分利用有限的空间，多用途地使用房间。

◇增强家庭亲密感的布局

　　分割房间的隔扇是由纸做的，因此可以说，传统住宅中，家庭成员几乎都生活在同一空间下。透过隔扇，家庭成员无时无刻不在感受着与家人的联系。过去，很多家庭并不为孩子单独设置房间，晚上往往会摆出被褥，全家挤在一起睡。

縁の下の力持ち（无名英雄）

　　日本气候潮湿，考虑到房屋的通风条件，往往会在盖房子时，使房屋与地面间保持一定的距离。地面与檐廊之间的部分被称作"縁の下"。檐廊下有很多用于支撑的柱子，但是从外面是看不出来的。

　　为此，"縁の下の力持ち"这个表达渐渐用于形容一个人在不为人知的情况下，为他人而努力、费心思。

Topic 2　现代住宅

随着人们生活方式的改变以及建造技术和科学技术的进步，日本的住宅也发生了巨大变化。本部分将通过与传统住宅的比较，说明日本现代住宅的变化和特点。

1．现代住宅的优点

（1）防灾防盗

日本住宅在防灾方面进步很大。目前，很多研究均围绕不燃性保温材料的使用、抗震强度的提高等问题开展，旨在将地震和火灾引发的损害降到最低。

防盗方面也是如此。日本市面上现在有很多能够提高防盗性能的产品。例如，为防止忘记锁门而设计的自动上锁门，人外出时可以自动控制开关的智能灯等。

因地震而倒塌的房屋及完好的房屋
（防灾住宅研究所）

（2）无障碍式设计

如今，日本的老龄化现象日趋严重。很多人考虑到今后的养老生活，将房屋设计为无障碍式结构。比如，在台阶和浴室安装扶手以防跌倒。或者消除屋内高差，这样既能有效防止绊倒，又便于轮椅等代步工具的使用。

（3）太阳光发电

在屋顶上安装一块太阳电池板便可以利用太阳光自行为家中供电。自家的发电量用不完的情况下，还可以将电量卖给电力公司。目前，这种既有益于环境又能带来经济利益的装置正在被逐渐推广。

安装了太阳电池板的屋顶

日本的门牌

日本住宅的正门前通常会挂一块居住者姓名牌，日文中称作"表札"。门牌的种类有很多，有仅在上面写姓氏的，还有将全家名字都写上的。日本关东大地震（1923年）之后，大量的房屋重建和搬家导致人们分不清哪家住哪儿，于是开始有人挂上门牌。之后，这种挂门牌的习惯渐渐在全国范围内流传开来。但近年来，也有不少家庭为了防盗和保护个人隐私而不轻易在门牌上公布信息。

2. 现代住宅的缺点

（1）季节感缺失

现代住宅保证了安全性、隐私性和便捷性，却致使房屋的密闭性变高。因此，夏季若没有空调则会炎热难熬。若房屋内安装了空调，即使是夏天也可以吃火锅，冬天也可以吃冰激凌，生活就会过得十分舒适。但是，就在人们享受的同时，却也失去了原有的生活情趣。坐在檐廊上边吃西瓜边纳凉，风铃就在耳畔叮叮作响，这种季节感在很多城市中已经渐渐感受不到了。

（2）家庭关系弱化

能够透过隔扇关注家人动态的住宅数量正在减少。现在的住宅中，基本都有孩子单独的房间。家庭成员在各自的房间里做自己的事，缺少交流沟通，因此削弱了原本亲密的家庭关系。

住宅会对家庭关系产生很大影响。是否为孩子单独设置房间，是否与父母同住，如何设计一个利于家人间情感交流的房屋格局等都是在选择住宅时必须考虑的问题。

（3）邻里关系疏远

缺乏沟通的不仅仅是家人之间。出于防范心理，将家中的大门紧锁，即使与邻居有要事相商也要通过电话沟通。住宅安全性提高的同时，邻里之间关系也逐渐淡化了。现在的很多人都不知道与自己住对门、楼上楼下的究竟为何许人。

一堵厚墙，一扇安全门，就像一道道鸿沟，阻隔了比邻而居的人们之间的交流沟通。因此，家庭暴力的发生，亦或空巢老人死在家中许久后才被发现的案例屡见不鲜。邻里间的交流不足会引起当地治安方面的问题，因此有些地区实行了"打招呼运动"，即在路上遇到陌生人也要打招呼。

（4）病屋综合征

所谓病屋综合征，就是刚刚如愿以偿地搬入新住宅就出现眩晕、头痛、呼吸病症等身体不适的状况。这是由于涂料、壁纸或家具中使用的化学物质、防虫剂等产生的挥发性有机化合物所导致的。

过去的房屋通风性较好，不会出现这类问题。有些人过敏症状严重，不能接触到化学物质，为此甚至只好搬到深山里生活。

家具需自行准备

在中国，人们租房子的时候，电视机、沙发、洗衣机、冰箱等家具，基本都是房东准备好的。但是在日本，房东一般不会留下家具，租房子时大多需要租住者自己准备。因此，要么就买一套新家具，要么就得从之前住的房子里搬过来，十分麻烦。不过，有很多大学宿舍里会提前准备好家具，大学附近也有很多卖二手家具的地方，方便留学生和新入学的学生。

Topic 3 公共住宅

日本的房屋多为独户住宅。但是近年来，公共住宅的数量也在逐渐增多。最近也出现了一些专门满足居民特殊要求的公共住宅。本部分将针对日本公共住宅的特征进行介绍。

1. 公共住宅的种类

过去的集中住宅被称作"长屋"。建筑呈狭长型，一栋房子中的几家住户共有墙壁但各有出入口。现在日本也保留着很多长屋式的建筑。

在战后的高度经济发展时期，日本开始建设起"公团住宅"。根据城市规划划分了工业区域和住宅区域，并建设了各种基础设施。有些企业还建造了公司宿舍。

现在，集体住宅的种类很多，如长屋式的住宅、普通公寓及高层高档公寓等。集体住宅的格局通常以房间数量＋字母LDK表示（如2LDK、1DK等）。"L"代表起居室，"D"代表餐厅，"K"代表厨房。

高级公寓（マンション）

普通公寓（アパート）

2. 其他形式的公共住宅

考虑到可能会给周围的人带来困扰，日本的多数公共住宅都不允许饲养宠物。但是受到近年"宠物热"的影响，可以饲养动物的公共住宅也多了起来。

为满足各种特定需求的公共住宅数量也有所增加。如，面向希望独立生活的老年人群而建造的公寓、仅限女性居住的专用公寓等。

宠物同居公寓的特点	老年公寓的特点	女性专用公寓的特点
在共有空间设有宠物清洗和美容处。使用耐脏和具有除臭效果的壁纸和涂料。配备可带宠物散步的工作人员。	24小时医疗服务。看护人员定期查看情况。提供饮食服务。提供日常用品送货上门服务。社区设施完备。	浴室、厨房、衣橱的空间较大。清洁员工仅限女性。安全性极高（配备双层上锁窗、自动防盗灯等）。

3. 学生公寓

日本的大学很少有学生宿舍，离家较远的学生在入学后不得不寻找位置合适的房子租住。有不带浴室的廉价公寓，也有设备齐全、全自动上锁式的高级公寓，学生通常会根据自己的喜好和条件来进行选择。

在日本，无论是西式房间还是日式房间，房屋的大小一般都以"帖"来表示。"帖"就是一张榻榻米的大小。所谓"8帖的西式房间"，是指地面为木地板、面积为8张榻榻米大小的房间。榻榻米的大小因地方不同而小有差异，一般来说为 1.4-$1.8m^2$ 左右。也就是说，8帖房间的面积约为 11-$15m^2$。

单间格局

学生公寓

4. 房租、押金和礼金

房租依地区及房屋条件而定。东京地区一套带浴室和卫生间的单间公寓，一个月需要6万到8万日元左右。若是在其他地区租赁相同条件的房屋，可能仅需2万到3万日元。

另外，有些房屋在入住前还需缴纳押金和礼金。退房时，从押金中扣除必要的修理费，其余的会返还。礼金，顾名思义，就是缴纳给房主的"酬礼"，不予返还。因此，若要租赁押金、礼金各一个月租金的房屋，则要在签约时缴纳包括首月房租在内的3个月租金。

高级公寓和普通公寓

两者均属于公共住宅。一般来说，木构造或是钢筋结构的二层集体住宅为普通公寓（アパート）。由钢筋混凝土建成，三层以上并带电梯的集体住宅为高级公寓（マンション）。法律对此并没有明确的划分，但多数人都认为"マンション"要比"アパート"高级一些。

这些住宅的名称中一般会使用「荘」「コーポ」「メゾン」「ハイツ」等代表集体住宅的词汇，并加入地名或是所有者的姓氏，如「コーポ中村」「北山ハイツ」等。

重要词汇

◆ **独户住宅**

独户住宅是指单独成户，房屋四周不与隔壁相连的住房。很多人的居住理想就是拥有一套配有停车位和庭院的独户住宅。另外，很多家庭考虑到孩子和宠物的吵闹声以及做清洁时的噪音会给周围邻居带来困扰，也会选择较为独立的独户住宅。

◆ **定制住宅、分售住宅**

定制住宅是指购买土地后，根据个人的要求和希望进行设计和建造的单体别墅楼。分售住宅是指房地产开发商建筑的楼群中的一套房屋。分售住宅由开发商进行设计。

◆ **无障碍式设计**

无障碍设计是指可以满足老年人及行动不便者的使用需求，减轻看护人员负担的设计。如设置平缓台阶，消除高差，使用推拉门等。住宅和公共设施的设计不但要考虑到行动不便者，还需方便所有人的生活，提升入住者的生活品质。

◆ **"打招呼运动"**

该活动旨在倡导大家主动向周围不认识的人打招呼。在社区环境中，邻里关系状况对预防犯罪起着非常重要的作用。某些地区开展此类的交流活动，有效降低了犯罪率。

◆ **病屋综合征**

病屋综合征是指住宅中的空气污染引起的各种身体不适的总称。也称为装修建材过敏症。症状因人而异，引起不适不仅仅是因为建材和家具，还包括化妆品、防虫剂、食品等。同时，个人体质也是原因之一。

◆ **LDK**

LDK 用于表示公共住宅的房屋格局。L 代表起居室，D 代表餐厅，K 代表厨房。也就是说，2LDK 表示两间卧室，客厅、餐厅以及厨房各一间。1DK 表示有一间卧室，但没有客厅。

◆ **帖·坪**

1 帖约为 1.4—1.8m^2，1 坪约为 3.3m^2。日本一般使用"坪"表示土地和住宅的面积，用"帖"表示房屋的面积。比如，"在某某区买了一套 30 坪的房子"，"这间房子大小为 8 帖"。

练习题

基本问题

问题 1　檐廊具有什么作用？

问题 2　住宅中的个人隐私得到保护的同时，还带给了家庭什么问题？

问题 3　引起病屋综合征的主要原因是什么？

问题 4　公共住宅分为几种？分别是什么？

问题 5　在日本租房子时，除了房租以外，还要向房东支付什么费用？

应用问题

问题 1　试比较中国与日本的购房年龄，并阐述有何不同。

问题 2　试搜集一下中国住宅的相关资料，说明我国是否也存在"宠物同居型""女性专用"等其他形式的公寓。

问题 3　你选择房屋时会关注哪些条件？请谈谈你的看法。

专栏② 不会正坐、也不愿正坐的年轻人

法语中"tatamiser"用来表示"和式""具有日本风土气息"。看来,对于外国人来说,榻榻米已然成为日本文化的象征。

但是,随着生活方式逐渐西化,日本人开始使用椅子和床,反而很少坐榻榻米、铺被褥睡觉了。虽然在玄关处需要换鞋这一习惯没有改变,但是现在很多家中的地面都不再铺榻榻米而是更换成了木地板。有些住宅会将客厅或是老人的房间设计为日式风格,而也有些住宅会设计成整体西式风格。

因此,现在很多的年轻人都不会"正坐"。以前,不会"正坐"的人会被指责为没有家教,然而现在需要"正坐"的场合没有以前那么多,所以有人觉得即使不会正坐也没有很大影响。另外,有人认为长期的"正坐"会导致短腿或罗圈腿,因此很多年轻人或是孩子的父母,都不再关注正坐的重要性了。

这或许也是顺应潮流的变化而无法改变的事实。如今,日本文化的代表——榻榻米,已经与日本人的生活渐行渐远。榻榻米和正坐是日本茶道、花道等传统文化中不可缺少的部分,暂时不会从日本文化中消失。但是,若榻榻米和正坐真的退出了日本人的日常生活,或许还是会让人感到有些怅然若失。

现在,对日本的"和室文化"和"榻榻米文化"感兴趣的外国人越来越多。或许在未来的某一天,对日本人来说,榻榻米会变得很陌生。

正坐于日式房间中的儿童

第三章　日本的饮食生活

长寿国日本的饮食习惯如何？

　　日本是有名的长寿国家。自古以来，日本人的饮食主要以大米和蔬菜为主。日本料理闻名世界，它不仅营养均衡，外观也十分精美，堪称"用眼睛品尝的美味"。2013年，联合国教科文组织认定日本料理为世界非物质文化遗产。然而，近年来，日本人的饮食习惯逐渐西化，越来越多的人在用餐时更加倾向选择肉类和面包等食物。本章主要介绍日本的饮食习惯变化及现状。

关键词

日本料理　一汤三菜　非物质文化遗产　食物自给率　食育
孤食和个食　学校供餐　食品安全　食品标签　慢食运动

基本信息◆日本的饮食生活

1. 日本料理的特点——营养均衡、外观精美

特点① 追求材料的原味，烹饪过程简单
特点② 体现季节感，与节庆日密切相关
特点③ 摆盘格外考究

日本料理追求的是将原材料的味道发挥到极致，烹饪方法主要是生食与烤制。因此，原材料的新鲜程度直接影响了一道菜品的质量。相关研究指出，日本料理用油较少和"一汤三菜"的搭配有助于延长寿命和降低肥胖率。

日本料理还讲究使用新鲜的时令食材，凸显菜品的季节感。春季的"凉拌油菜花"，秋季的"盐烤秋刀鱼"等餐桌上的常见菜肴，体现了季节的更替变化。另外，在节庆日，日本人会制作该节日的特别食物，如正月时，全家会制作和共享年夜饭（おせち料理）等。

日本料理的摆盘也十分考究。一般来说，日本家庭的每餐构成多是"一汤三菜"，托盘的左手边摆放米饭，右手边摆放汤，托盘后方摆放主菜和配菜，中间则是简单的小菜。另外，为了使整道菜品满足口感的同时能够更加赏心悦目，在摆盘过程中，日本人也注意配合菜品和季节的变化来选择不同质感、花纹的餐具。

日本人的食物喜好排名

第1	手握寿司
第2	咖喱饭
第3	拉面
第4	日式炸鸡块
第5	烤肉
第6	日式牛肉火锅
第7	刺身
第8	鳗鱼饭
第9	汉堡包
第10	煎牛排

日本料理与快餐的热量比较

刺身定食 刺身、米饭、味噌汤、酱菜	469kcal
汉堡套餐 汉堡包、可乐、炸薯条	676kcal

1日所需摄入热量：约2600kcal
＊18—29岁之间每日久坐的男性以轻度运动量计算

资料来源：厚生劳动省　2010年

2. 饮食生活的变化—趋于西化

特点① 由米、鱼贝类向面包、肉类转变
特点② 食物自给率降低
特点③ 生活习惯病增加

日本人的饮食原本主要以米为主，然而日本的年轻人更加倾向于肉类和乳制品较多的西式饮食方式。长时间食用面包和点心很容易导致糖分摄入过多等问题。

另外，由于日本人习惯了西式的饮食生活，日本不得不从外国进口食物。受此影响，日本大米的消费量逐渐减少，致使产量也开始下降。目前，日本正在积极商讨对策，以期在保证食品的安全性的同时保护传统饮食文化，提高本国食物的自给率。

从个人健康的角度来看，日式的饮食中盐分较多，因此加大了脑卒中的发病几率。然而，随着饮食习惯的变化，患癌的人群比例有所增大。另外，肥胖、糖尿病等生活习惯病也在逐渐增加。

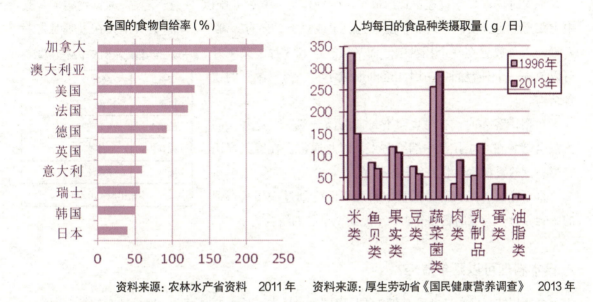

3. 被再度重视的日式饮食生活——回归原本的餐桌饮食

特点① 家人共同进餐的时间逐渐减少

特点② 在外就餐和食用加工食品的人数增加

特点③ 就餐时间成为教育的绝佳机会

对于每日奔波忙碌的人们来说，与家人共同进餐的时间越来越少。外国的食品和价格便宜的快餐吸引了不少日本人，就餐便利的连锁店数量也有所增加。在日本的各个超市和便利店中，很容易购买到价格较低的加工食品。因此，如今的餐桌上已经逐渐感受不到"妈妈的味道"，也渐渐体会不到"全家团聚"的幸福了。

就餐时间，家人间相互沟通，家长更是可以利用这段时间引导和教育孩子。与孩子聊聊学校中发生的事情，谈谈将来的梦想，帮助孩子解决烦恼困惑等等。可以说，就餐时间是家长了解孩子的难得机会。自古以来，日本人的饮食中多为口感较硬的食物，需要细细咀嚼，因此用餐时间比较长。这一点也利于家人间进行心与心的交流。近年来，人们开始重新审视传统日式饮食生活。

Topic 1　日本料理与日本人

一提到和食、日本料理，很多人会联想到寿司和天妇罗。但是，日本人也并不是每天都吃寿司和天妇罗等食物。本节将对日本家庭常见的菜式和被列入非物质文化遗产的日本料理进行介绍。

1. 传统的"一汤三菜"

平安时代，日本料理正式形成了以米饭作为主食，并配以"一汤三菜"的饮食构成。其中主菜通常为肉类或鱼贝类，配菜为蔬菜或豆类，还有一碟小菜。过去日本人在进餐时将一人量的饭菜放置在一个托盘中。而米饭、汤和3种配菜刚好可以放在一个托盘当中，因此逐渐形成了"一汤三菜"的饮食结构。

在招待客人时，有时也会准备"两汤五菜"。这些菜品无法全部装在一个托盘中端给客人，因此通常会在客人享用完第一盘的餐食后再端上余下的菜品。

直至今日，绝大部分的日本料理仍旧受到过去用餐习惯的影响，将一人量的餐食分成一个或几个菜品的组合。

一汤三菜 搭配范例及卡路里摄取量

主食	米饭
主菜	烤鱼
配菜1	蔬菜或煮豆类
配菜2	凉拌菜
汤	味增汤

卡路里：约700kcal

2. 日本料理可以延年益寿？

众所周知，日本是世界上有名的长寿国家，日本人长寿的原因之一即是健康的饮食习惯。米饭作为主食可以转化为糖分，因此人体不需要再摄入脂肪即可获得足够的能量。细细咀嚼根菜和煮豆类食物的过程可以刺激大脑。

然而，传统的日式饮食中乳制品较少，多使用盐、酱油、味增等调味品，因此很容易引起人体钙质不足、盐分摄入过多等问题。应该说，日本人寿命长并不仅仅是因为饮食健康，而是良好的生活习惯、气候风土、医疗技术等其他原因共同创造了日本民族长寿的奇迹。

从米饭到面包

2011年日本总务省的《家庭收支调查》显示，日本普通家庭用于购买面包的支出首次超过了大米。制作一份以米饭为主的日式料理比较麻烦，因此很多日本人即使知道米饭更有益于健康，也会在用餐时倾向于简单便捷的面包。为配合面包，越来越多的人也会在早餐时选择咖啡来代替味噌汤。

3. 非物质文化遗产——日本料理

2013年,联合国教科文组织认定"和食"为世界非物质文化遗产。这里的"和食"并不是指寿司或天妇罗等某一特定料理,而是囊括了日本料理各个方面的"饮食文化"。以下是日本饮食文化的几个侧面。

◇**申请将"和食"列入世界非物质文化遗产的理由**◇(参阅农林水产省主页)

① **尊重丰富、新鲜食材及其原有味道**

　　日本四面环海,山地众多,四季分明。通过食用丰富的食材,体会食材原有的味道,可以切身感受到来自大自然的恩惠。日本为保持食材的原味而创造的烹饪技术和烹饪用具也十分先进。

② **营养均衡、饮食健康**

　　日本料理中,主食和配菜营养均衡,动物性油脂含量较少,可以有效预防肥胖、糖尿病等生活习惯病。这也是日本人长寿的原因之一。

③ **体现自然之美及季节变化**

　　日本料理的制作过程中,通常会选用新鲜的食材,并以花、叶作搭配装饰,可以凸显自然之美,体现季节变化。餐具和房间装饰也要配合季节变化进行选择,日本料理不仅仅重视菜式本身,更要使用餐者通过进餐过程中接触到的一切事物来感受季节的变化。

④ **饮食与节庆日密切相关**

　　日本人希望通过各种与节庆日密切相关的特色食物(如正月的年夜饭),来加强与家人、地区,乃至社会的联系,传承地区特有的传统文化。

　　以上四点是日本申请世界非物质文化遗产时,列举出的日本料理的特点。联合国教科文组织对日本料理评价道:"日本料理体现了日本人尊重自然的精神,饮食习惯世代相传。"并将日本料理列入了世界非物质文化遗产名录。

　　随着国际化程度不断提高,在追求便利和速度的现代社会中,人们很容易忽略饮食的重要性。日本希望通过申请世界非物质文化遗产,来呼吁国民重新关注具有日本优良传统的饮食文化:感恩自然恩惠,加强个人与家人、地区的联系,传承文化。

日本其他非物质文化遗产

　　截至2017年,日本已经拥有21项非物质文化遗产。其中包括能乐、歌舞伎、雅乐等传统技艺,秋田县的"秋保的插秧舞"、京都府的"祇园祭"等地区传统活动,岛根县的"石州半纸"、新泻县的"越后上布"等传统工艺等等。

Topic 2 饮食生活的变化和"食育"

如今，购买和品尝世界各地的食物已经不再是一件难事。饮食方面发生的同时也出现了各种问题。在这里，我们思考几个健康之外的问题。

1. 日本的食物自给率不足

食物自给率低的问题一直困扰着日本。1965 年，日本的食物自给率为 73%，2012 年却跌至 39%。目前，日本很多食物都依靠外国进口。

日本的大米、蔬菜等可以实现自给自足，然而，越来越多的日本人改变了以这些食材为主的饮食习惯。另外，随着畜产品的消费额逐渐增加，国土面积狭小的日本满足不了所有人的饮食需要，因此不得不依靠外国进口。甚至很多日本国产鸡蛋和肉类的饲料都是由外国进口的。

食物自给率下降会造成自然变异，由于贸易纠纷引起的停止供货甚至会导致日本国内的食物不足。另外，依靠进口外国价格低廉的食物不利于日本国内的产业发展，长时间运输中所必需的防腐剂也不利于人体健康。因此不难看出，提高食物自给率对经济、环境、健康和地区发展等各个方面都有巨大推动作用。

日本各类食物的自给率（2010 年）	
水稻类	27%
薯类	75%
豆类	8%
蔬菜类	81%
肉类	56%
蛋类	96%
牛奶·乳制品	67%
鱼贝类	54%

资料：农林水产省

日本政府通过提高进口食物的关税来维护第一产业的发展（农业、渔业等），保证国内自给率的稳定。然而，日本加入 TPP（跨太平洋伙伴关系协定）势必会对国内自给率造成压力，随着贸易的不断推进，日本的产业、经济等方面很可能受到关税率的负面影响。

2. "孤食"与"个食"

日本人饮食习惯的变化不仅仅体现在食物的西化，现代日本社会的生活方式也发生了巨大变化。如今，日本的"孤食"和"个食"等社会问题逐渐暴露。"孤食"是指孩子没有家人陪伴，一个人在家吃加热的剩菜。"个食"是指家人坐在同一张饭桌前却各自吃着不同的东西。

家人团聚，共享相同菜品的同时说说笑笑，可以放松身心，感受到家庭的整体感。另外，在用餐前后说的"我开动了（いただきます）"和"承蒙款待，我吃好了（ごちそうさまでした）"这两句寒暄语包含了对于自然的恩惠、种植粮食的农民以及烹饪菜肴之人的感谢之情。但是，随着"孤食"和"个食"现象的愈加严重，教育下一代传承这些传统文化也变得越来越困难。

3. 通过学校供餐进行"食育"

所谓"食育",就是使个体通过各种实践来了解有关食品的知识,掌握选择食物的能力,从而走进健康的饮食生活。日本的中小学校会通过每日的伙食对学生进行食品教育。

(1)学校供餐的起源

明治22年(1889年),山形县某私立小学的很多学生因家境贫寒而不能自带盒饭上学。建立该校的僧人十分疼爱学生们,便在中午向学生提供饭团、烤鱼和小酱菜。之后,提供餐食这项工作逐渐推广至日本全国。直至100多年后的今日,学校供餐已经成为学校生活中不可或缺的一部分。

(2)供餐的变化

学校供餐也在与时俱进。学校为了使学生们能够愉快、健康地成长,每日向学生提供不同的餐食,增加餐食的种类,关注餐食的营养均衡。可以说,学校在每日供餐上煞费苦心。最近,学校供餐中推出了具有地方特色的餐食,学生们通过这类餐食可以了解当地的传统饮食文化。1954年,日本制定了《日本供餐法》,规定国家和地方政府都要为普及义务教育学校的供餐和提高供餐水平而努力。

明治22年(1889年)

昭和25年(1950年)

平成12年(2000年)

(3)通过供餐进行"食育"

日本学校的供餐并不仅仅是为了学生能够填饱肚子。日本人的"食育"理念非常强,希望孩子可以通过每日的供餐了解更多的知识,掌握更多能力。

用餐时,当天的值日生会负责将全班的餐食从配餐室端到教室。待大家说完"我开动了(いただきます)"之后,全班再一起用餐。用餐后,学生们各自整理好餐具,再由值日生将餐具送回配餐室。通过这种方式,可以培养学生们共同协作的能力,在接过餐食和用餐完毕后学会对制作餐食的人们表示感谢。

进餐时,学生们可以学会用餐前后的寒暄语、筷子的用法、餐具的正确拿法等用餐礼仪,同时,还要竭尽全力改掉挑食的习惯。大家一边品尝相同的饭菜一边聊天,在培养学生社交能力和协作精神的同时,也丰富了学校生活。另外,学生们还可以通过供餐的菜单了解食物的营养物质、生产及制作过程。

Topic 3 食品的安全性

日本的饮食生活愈加便利和丰富。然而，在向消费者提供的食品当中，存在农药残留和食品添加剂也是不可避免的。本节主要探讨食品的安全性问题。

1. 日本的食品问题

根据日本内阁府对食品安全委员会进行的调查结果，让日本人每日感到不安的食品安全问题涉及各个方面，其中，食物中毒、放射性污染等更是所有人关注的重点问题。对于食品安全感到不信任的原因，很多日本人表示，"专家和相关机构对于安全性的不同解释致使消费者对科学依据产生疑问""行政单位对于食品的监管力度不够"。

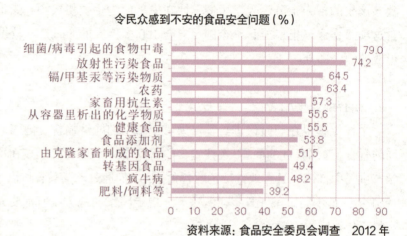

令民众感到不安的食品安全问题(%)

项目	百分比
细菌/病毒引起的食物中毒	79.0
放射性污染食品	74.2
镉/甲基汞等污染物质	64.5
农药	63.4
家畜用抗生素	57.3
从容器里析出的化学物质	55.6
健康食品	55.5
食品添加剂	53.8
由克隆家畜制成的食品	51.5
转基因食品	49.4
疯牛病	48.2
肥料/饲料等	39.2

资料来源：食品安全委员会调查 2012年

2. 正确阅读食品标签

消费者在商店中挑选食物时，会仔细阅读贴在食品表面上写有保存方法、保存期限、过敏物质源等各种信息的食品标签。近年来，很多食品标签上还加入了卡路里等成分的具体信息。

农产品（蔬菜、水果等）和畜产品（肉、鸡蛋、乳制品等）的食品标签中会标明原产地、保存期限、贮存条件等信息。成品盒饭类食品会将保质期精确到具体时间，餐厅的菜单中也会详细标注食物中可能引起过敏的物质和食材的原产地。

日本的《JAS法》（关于农林物质标准化及质量标识正确化的法律）、《食品卫生法》《计量法》《健康促进法》等相关法律法规都对食品的表示方式进行了详细规定，食品制造商一旦违反相关规定则会受到严厉的行政处罚。

3. 保存期限与保质期限

日本的食品标签中会根据食品的种类标注出"保存期限（消費期限）"或是"保质期限（赏味期限）"。"保存期限"常标注在成品盒饭、新鲜点心等不宜长时间保存的食品上面，"保质期限"常用于表示零食、罐头等在冷藏或常温条件下易存食品的最佳食用期。

"保质期限"是指食品在未开封的情况下，能够保证食品品质、味道的最佳食用期限，因此超过"保质期限"的食物也许口感和味道会有所下降，但是并不一定会影响到身体健康。

4. 政府针对食品安全采取的措施

BSE（疯牛病）、随意使用未许可添加物、伪造原产地及保质期限等事件的发生推动日本政府于2003年制定了《食品安全基本法》。同时，日本农林水产省和厚生劳动省为更高效地解决食品相关问题，组织各个领域的专家，设立了"食品安全委员会"。

食品安全委员会负责通过科学分析，对食品进行风险评估，在官方主页上公开相关信息，确保食品的安全性。

5. 安心的国产商品和质量堪忧的进口商品

在日本，包括食品在内的很多日本国产产品被认为是更加安全可靠的，而由外国进口的商品往往因为价格低廉、食物中存在农药残留等问题遭到多数日本人的质疑。通常情况下，日本国产的商品价格要高于进口商品价格。

近年来，BSE（疯牛病）和毒饺子等进口商品存在安全隐患的事件屡遭曝光，致使越来越多的日本人宁可花高价也会购买由国内生产和加工的食品。如今，有些超市的蔬菜专柜会详细介绍种植蔬菜的农户信息并配以照片，还向消费者提供信息追踪服务，即消费者可以通过食品包装上的生产编号和个体识别编号，来确认该食品的生产过程。

因此不难看出，越来越多的消费者倾心购买日本国内生产的商品，并且希望了解更多有关生产者、流通过程等食品相关信息。

频发的食物中毒事件

无论如何关注食品安全问题，日本每年仍旧会发生食物中毒事件。近年来，夏季因O-157病原性大肠菌而引起的食物中毒、冬季因诺如病毒而引起的中毒事件时有发生。O-157病情恶化时甚至会危及生命。如今，日本在加强食品管理的同时，开展了一系列的预防工作，呼吁民众在做饭时仔细清洗餐具，用餐前洗手。

重要词汇

◆ **日餐和日本料理**

　　日餐是指日本所有可以品尝到的食品，其中包括原本为国外餐食，后经日本人改良制作并普及的咖喱饭。日本料理是指怀石料理、乡土料理等从古传承至今的日本传统料理，也包括与就餐有关的餐具和用餐礼仪等文化。

◆ **教科文组织非物质文化遗产**

　　联合国教科文组织负责管理的一部分。世界遗产旨在保护和继承建筑物等有形的物质文化遗产，而非物质文化遗产是指民族文化、传统技艺、传统工艺等各种无形文化财富，这些文化财富同样需要世人保护与传承。

◆ **"孤食"与"个食"**

　　"孤食"是指孩子没有家人陪伴，一个人在家吃加热的剩菜。"个食"是指家人坐在同一张饭桌前却各自吃着不同的东西。这两种现象会引起家人间的交流不足，不利于用餐礼仪的传承。

◆ **食育**

　　食育是个人生存的基础。所谓"食育"，就是使个体通过各种实践来了解有关食品的知识，掌握选择食物的能力，从而走进健康的饮食生活。

◆ **食物过敏**

　　人体摄取某些含有过敏源的食物后，会出现皮肤起疹、呕吐、腹泻等不良症状。情况严重时甚至会危及生命。常见的含有过敏源的食物有大豆、荞麦、鸡蛋、乳制品、鱼贝类、甲壳类、水果等。

◆ **食品添加剂**

　　食品添加剂是指为便于食品的加工或保存，在制造食品的过程中添加、混合或浸渗的物质，各国对于食品添加剂的种类和使用量均有限制。截至2013年，日本相关机构根据风险评估结果，将食品添加剂分为4种：指定添加物（438种）、既存添加剂（365种）、天然香料（约100种）和一般饮食添加物（约600种）。

◆ **风险评估**

　　风险评估是指科学地对危险的发生几率及其可能产生的影响进行量化与分析。日本的食品安全委员会负责量化化学物质及微生物等有害物质给人体健康造成危害的可能性及其程度，并且客观、公平公正地对有害物质进行风险评估。

练习题

基本问题

问题 1　日本料理有哪些独到之处？

问题 2　食品种类日益丰富的同时出现了哪些问题？

问题 3　日本学校通过餐食对学生进行的"食育"通常包括什么？

问题 4　日本的食品标签中都有哪些信息？

问题 5　日本的食品标签中使用的"保存期限（消費期限）"和"保质期限（賞味期限）"分别是什么意思？

应用问题

问题 1　比较中国和日本的饮食文化，并列举二者的相同点与不同点。

问题 2　试查阅中国的粮食自给率。

问题 3　观察日本食物外包装上的标签，并与大家讨论你发现了哪些比较特别的地方。

专栏③　重归慢食生活

大家听说过"慢食运动"（slow food）吗？也许很多人对于快餐比较了解，快餐不仅不利于人体健康，还会影响饮食文化的正常发展，而慢食运动的提出正是为了提倡传统美食，号召人们反对标准化生产的快餐。

1986年，一家麦当劳入驻意大利罗马的西班牙广场，意大利人卡尔洛·佩特里尼提出，快餐会破坏意大利的饮食文化。由此，反对快餐的"慢食运动"开始兴起。1989年，国际慢食协会成立。经由慢食运动发展起来的慢食协会如今发展至全球150多个国家，下设1300多个分会，共有超过10万名会员。日本也设有慢食协会分会，积极推进"日本慢食活动"。

慢食运动的口号是"优质、洁净、公平"。运动提倡人们食用当地新鲜采摘的食物，保护生态环境，并且提出生产劳动者们应该获得公平公正的报酬。

细细品尝食物有益于人们用心去体会菜品的美味、与朋友边聊天边愉快地进餐、感受当地的饮食文化并流传后世等。可以说，通过细细品味一顿饭，不仅仅有益于身体健康，更是可以丰富内在的精神世界。

现代人每日忙碌奔波，一味追求事物的便捷与高效。然而，如今，我们不妨放慢脚步，认真思考一下一顿饭菜是如何经过生产、输送、烹制等一系列过程，最后完美呈现在自己面前的。人们通过感受从生产者到消费者之间的层层关系，或许就能够将视野放宽至环境、劳动关系等其他问题上，而不是仅仅关注食品的安全问题。

筑后地区慢食庆典 2009

第四章 日本的物价

100日元真的能买到化妆品和内衣吗?

 也许在大家的印象里,日本的物价非常高。的确,日本的物价高于中国。但是,也并不是所有商品都十分昂贵。另外,购买商品也要"挑选有方(取之有道)"。本章主要介绍日本物价的特征和日本的税制。

> **关键词**
>
> 日本的货币　日本银行　日本人的起薪　日本的土地价格
> 消费税　烟草税　百元店　秋叶原　无人售货店

基本信息◆日本的物价

1. 日本的货币

日本的货币单位为"日元"("円",也称作"日本円")。货币符号为"￥",货币代码为"JPY"。目前,市面上流通的有6种硬币,4种纸币。硬币由日本造币局发行,纸币由日本中央银行发行。

中间有圆孔的五元硬币和五十元硬币,都是世界范围内比较少见的硬币。两千日元的纸币发行于2000年,但是2004年后停止印制,因此流通量也非常之少。下面介绍日本硬币和纸币的图案。

<硬币>
一日元硬币小树
五日元硬币稻穗、齿轮、水
十日元硬币平等院凤凰堂
五十日元硬币菊花
一百日元硬币樱花
五百日元硬币泡桐

<纸币>
一千日元纸币野口英世:细菌学家,研究黄热病
两千日元纸币守礼门:位于冲绳县那霸市的牌坊
五千日元纸币樋口一叶:文学家,代表作《青梅竹马》
一万日元纸币福泽谕吉:思想家、教育家,代表作《劝学篇》

2. 日本的物价变化以及特征

第二次世界大战后的1945年至1949年,在约3年半的时间内,日本的消费者物价指数上升了近百倍。1950年之后,伴随着日本经济的快速增长,通货膨胀率开始缓慢上升。20世纪70年代,两次石油危机的爆发致使日本陷入严重的通货膨胀。之后,日本的通货膨胀率虽然有所缓和,但是,日本又于1999年出现通货紧缩现象,消费者物价指数持

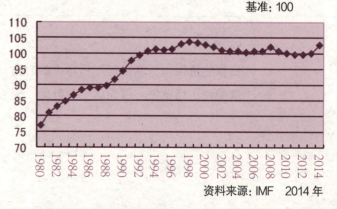

消费者物价指数(年平均)的变化(1980—2014年)
基准:100

资料来源:IMF 2014年

续走低。日本进入了长达20年多年的空前严重的经济停滞状态。

日本物价的特征之一是各个地区之间的物价差别很小。日本的国土面积有限，交通设施比较完备，因此便于各地间运送货物或商品。我们来看一看2013年日本各都道府县政府所在市的消费者物价指数（房租除外）。如果将该消费者物价指数的平均值视为100，那么，上述城市中物价最高的是横滨市，物价指数是106。最低的是宫崎市，指数是97.1。但是，日本大城市与地方城市之间，土地价格的差别却是非常之大。

3. 日本人均名义 GDP

人均名义 GDP 是指人均生产率的市场价值。IMF 的数据显示，2012年日本的人均名义 GDP 为46530USD，位居世界第13位。2013年，受"安倍经济学"政策影响，日本的人均名义 GDP 跌至38491USD，下滑为世界第24位。

人均名义 GDP 会受到价格变动的影响，因此并不能代表日本的经济发展水平。但是，受日元贬值的影响，到日本留学以及旅游的费用与以往相比有所下降。

日本的人均名义 GDP（2013年）

序号	国	GDP（USD）
1	卢森堡	110423
2	挪威	100318
3	卡塔尔	100260
4	瑞士	81323
5	澳大利亚	64863
9	美国	53101
24	日本	38491
33	韩国	24328
84	中国	6747

资料来源：IMF

4. 日本人的起薪

起薪经常用于衡量日本物价和经济状况。日本的公司多采用年功序列和终身雇佣制，随着工作年数的增加，公司员工的工资会相应提高。刚刚就职的年轻人需要用最初的"起薪"维持生活。现在，大学毕业生的起薪约为20万日元，男性员工的收入略高于女性。

随着战后日本物价的上涨，日本人的起薪也曾大幅增长。1990年左右泡沫经济解体，日本经济停滞，因此起薪也略有浮动。

很多人可能觉得日本人的工资水平高。但是，从另一方面看，日本的物价比中国高，生活费也要高出很多，在日本生活，也就不觉得工资高了。

不同学历间的起薪差别（2013年）

性别	学历	起薪
男女合计	硕士	228.1 千円
	本科	198.0 千円
	专科	172.2 千円
	高中	156.0 千円
男性	硕士	227.7 千円
	本科	200.2 千円
	专科	174.2 千円
	高中	158.9 千円
女性	硕士	230.0 千円
	本科	195.1 千円
	专科	171.2 千円
	高中	151.3 千円

资料来源：厚生劳动省

日本的平均物价　　※ 1元 = 17円（2018年）

- 报纸　　　　　　130円（8元）
- 500ml 果汁　　　160円（9元）
- 一包烟　　　　　430円（25元）
- 一碗拉面　　　　700円（40元）
- 单行本（小说）1500円（88元）

- 兼职时薪　　　　　　900円（53元）
- 出租车起步价　　　　730円（43元）
- 东京的公交车　　　　210円（12元）
- 东京至大阪的新干线　1万3620円（796元）
- 按摩一小时　　　　　6000円（351元）

Topic 1 日本的物价

本部分围绕日本的土地、食品、生活必需品的价格以及平时的生活开销进行详细介绍。大家可以通过对比中国的物价，来加深对于这部分内容的理解。

1. 日本的土地价格

日本的土地价格存在巨大的地区差异。东京地区的平均房租超过 7 万日元，而有些地方城市的房租仅有 3 万多日元。目前，日本土地价格最高的地区是东京的银座。

整体来看，首都圈以及大阪周边的土地价格较高。然而，与日本泡沫经济时期相比，如今首都圈的土地价格已经大幅降低。

租赁住宅的房租价格（2008 年）

序号	都道府县	房租
1	东京都	7 万 6648 円
2	神奈川县	6 万 8009 円
3	埼玉县	5 万 9197 円
4	千叶县	5 万 7883 円
5	大阪府	5 万 3822 円
47	和歌山县	3 万 6582 円
	平均	5 万 3565 円

资料来源：总务省统计局　2008 年

2. 食品的价格

食品的价格受季节影响。日本国产食品和进口食品的价格之间也存在很大差异。日本国土面积有限，依赖于外国进口，因此食品的价格还受到汇率、进口国的物价以及关税的影响。日本的物价较高，特别是酒税较高的酒类、主要依靠外国进口的猪肉等商品更贵。另外，会令绝大多数外国人感到惊讶的是日本水果的价格。一个西瓜或哈密瓜价格通常为 2000 日元以上。

日本与各国的物价水平（食品）

国家	货币	鸡蛋（1个）	牛奶（1L）	猪肉（1kg）	米（1kg）	啤酒（350cc）
日本（2014.2）	当地：日元	25 日元	214 日元	2410 日元	446 日元	189 日元
中国北京（2013.10）	当地：CNY	0.6CNY	12.3CNY	32.0CNY	3.0CNY	2.6CNY
	折合日元	9 日元	198 日元	516 日元	48 日元	42 日元
韩国（2013.10）	当地：KRW	295KRW	251KRW	19200KRW	3480KRW	1850KRW
	折合日元	28 日元	235 日元	1800 日元	326 日元	173 日元
美国华盛顿（2014.2）	当地：USD	0.3USD	1.2USD	8.8USD	3.6USD	1.0USD
	折合日元	31 日元	123 日元	902 日元	369 日元	102 日元
比利时（2014.3）	当地：EUR	0.3EUR	1.4EUR	6.6EUR	4.4EUR	0.8EUR
	折合日元	39 日元	207 日元	989 日元	664 日元	121 日元

资料来源：公益财团法人国际金融情报中心　2014 年

3. 生活必需用品的价格

日本生活必需品的价格比较灵活。日本的出租车、美容美发、按摩等服务费用要比中国高很多。由于手机的普及，公共电话的用户急剧减少。因此，公共电话的使用费非常低。

电器的价格受到产品性能、销售时期以及店铺等因素影响，即使是同一款产品，其价格也可能不同。另外，日本的汽油完全依赖外国进口，汇率变化会对汽油的价格产生巨大影响。

日本与各国的物价水平（生活）

国家	货币	的士（起步费）	电话（公共电话1分钟）	轿车	汽油（1L）	液晶彩电
日本（2013.8）	当地：日元	710 日元	10 日元	220 万日元	156 日元	48124 日元
中国北京（2013.10）	当地：CNY	13.0CNY	0.5CNY	56000CNY	7.8CNY	1440CNY
	折合日元	210 日元	8 日元	90 万日元	126 日元	23236 日元
韩国（2013.10）	当地：KRW	3000KRW	-KRW	1890 万 KRW	1780KRW	-KRW
	折合日元	281 日元	- 日元	59 万日元	167 日元	- 日元
美国华盛顿（2014.2）	当地：USD	3.0USD	0.5USD	16800USD	0.9USD	235USD
	折合日元	307 日元	51 日元	172 万日元	92 日元	24085 日元
比利时（2014.3）	当地：EUR	2.4EUR	0.4EUR	20000EUR	1.6EUR	567EUR
	折合日元	363 日元	60 日元	302 万日元	244 日元	85643 日元

※ 出租车及电话的相关数据取自 2014 年 2 月　　资料来源：公益财团法人国际金融情报中心　2014 年

4. 日本人的生活费

在日本生活一个月需要多少费用呢？日本总务省发布的调查显示，2人以上家庭的月平均消费支出为31万3874日元。其中，食品支出的比例最高，为22.1%。其他（杂费、应酬费、为他人寄出的生活费）所占比例为21.3%。交通及通信费为16%。租赁住房或独立住房，在居住方面所需费用也是不同的。

未满30岁的2人以上家庭每月平均支出24万日元，未满30岁的单身人士每月的平均花费为17万日元。50—60岁的人群由于要支付医疗保险费和孩子的学费等，消费支出最多。

2人以上工薪家庭的月平均消费支出构成比（2012 年）

家庭人员	消费支出	食品	居住	照明取暖给水	家具家务用品	衣物及鞋类	医疗保健	交通通信	教育	娱乐	其他
3.42 人	313,874 円	22.1%	6.5%	7.2%	3.3%	4.3%	3.7%	16.0%	5.7%	9.7%	21.3%

资料来源：总务省《家计调查》　2013 年

Topic 2　消费税和关税

消费税、烟草税、酒税是指消费者在购买商品或享受服务时所需承担的税金。税率的调整会影响商品的价格，也会影响到日本的物价。本部分主要介绍税金。

1. 消费税

消费税是指消费者购买商品或享受服务所需承担的税金。2014年4月1日，日本的消费税由5%上调至8%。也就是说，消费者需额外支付原价8%的金额作为消费税。现在，商品上标注的价格多为税后价。

消费税的变迁	
1989年4月1日	3%（引入消费税）
1997年4月1日	提高至5%
2014年4月1日	提高至8%

日本于1989年实行消费税制度，最初的税率为3%。经过两次增税后上升至8%。但是，日本的税率仍低于其他国家。很多欧美国家于20世纪60年代后半叶年至70年代前半叶开始实行消费税制度。韩国和中国也分别于1977年和1994年开始征收消费税。另外，美国没有设置消费税，而是由州、郡、市或学区各自征收零售税。

资料来源：日本国税厅

2. 烟草税、特别烟草税

香烟较之其他商品，要征收较高税费。在日本购买香烟，除消费税以外，还需额外支付烟草税以及特别烟草税。日本在10年内曾3次提高烟草税，香烟的价格也随之升高。如今，购买一包430日元的香烟，还需要额外支付商品价格的64.4%，即277日元的烟草税。

但是，很多欧美的先进国家均征收70%以上的烟草税，其中有些国家的烟草税高出日本2倍甚至更多。因此，相比之下，可以说日本的香烟比较便宜，税率也相对较低。近年来，香烟价格不断上升,工作及公共场所全面实行禁烟或分烟。因此,吸烟者的数量也在逐渐减少。另外,日本规定,20岁以下的未成年人不得吸烟。

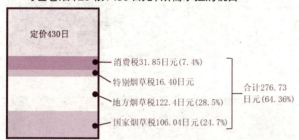

每包卷烟(20根/430日元)所需承担的税目

- 消费税31.85日元(7.4%)
- 特别烟草税16.40日元
- 地方烟草税122.4日元(28.5%)
- 国家烟草税106.04日元(24.7%)

合计276.73日元(64.36%)

资料来源:《全国烟草新闻》

七星牌香烟(MEVIUS)的价格变化

变更价格时间	价格	税率
1986年5月	220日元	59.7%
1997年4月	230日元	59.1%
1998年12月	250日元	61.3%
2003年7月	270日元	63.2%
2006年7月	300日元	63.1%
2010年10月	410日元	64.5%
2014年4月	430日元	64.4%

※2013年2月更名"MEVIUS"

3. 个别消费税和关税

除了香烟,日本还有很多商品需要额外缴纳除消费税之外的其他税金。例如,啤酒和威士忌等酒类需要缴纳酒税,汽油需要缴纳汽油税(挥发油税、地方挥发油税)以及石油煤炭税。其中,啤酒的税金约占到商品价格的45%。日本酒税的税率如此之高在很多先进国家中也比较少见。

另外,进口商品的关税设置互不相同。有些商品的税率极高,而有些商品并不需要缴纳关税。其中,点心、乳酪、农产品和水果等食品的税率比较高。因此,日本国内销售的水果也相对较贵。日本对进口农产品设置高关税目的在于保护日本国内的农业生产。

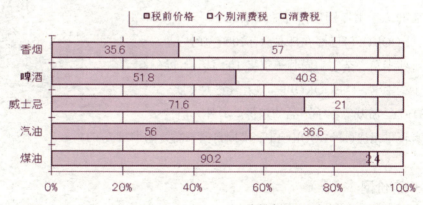

各类商品的税率比较

资料来源: JT官方主页 2014年

Topic 3 特价商店

很多人认为日本的物价非常高。但是,日本有很多特价商店,如果"利用有方",则可以省下一大笔生活开销。本部分向您介绍日本的特价商店。

1. 百元店

如同中国的"两元店",日本百元店里的商品价格一律为100日元(税后108日元),可谓物美价廉。百元店中可以买到日常生活所需的绝大多数用品。日本知名的连锁百元店有"大创"和"Can do"等。

日本的百元店充分利用中国及东南亚地区廉价的劳动力和原材料,保证产品的低价,并且薄利多销,从而获得强大的市场竞争力。

2. 二手书书店

日本的书籍价格很高,一本小说的定价为1200—1500日元左右。但是,这些书籍可以在二手书书店以很低的价格买到。

其中,日本最有名的二手书书店是"BOOKOFF"。"BOOKOFF"是日本最大的二手书连锁店,开业以来的20年间,"BOOKOFF"已经在日本拥有1000家门店。有些书籍、杂志、漫画等仅售100日元。除了二手书,"BOOKOFF"现在还涉足CD、DVD、游戏等二手产品的销售。另外,消费者还可以通过"BOOKOFF"卖掉自己不需要的书籍或CD。

3. 比价网

随着互联网的普及,消费者可以轻松地购买到低价商品。日本和中国一样,开设了很多比较价格的网站。消费者足不出户即可买到低价的商品。

比较具有代表性的网站有"价格.com"和"比较.com"。如今,很多人会先去实体店了解商品性能,之后回家进行网购。网络销售节省了人工费和店面费,因此商品价格也略低一些。

4. 日本最大的电器街——秋叶原

秋叶原位于东京，是日本最大的电器商业街。秋叶原的商店主要销售电子器材、电子配件、家电等产品。由于商店间的竞争十分激烈，因此顾客可以适当讲价，有些商家也会以低价出售商品。如今，很多外国游客为购买高性能的电子产品而慕名来到秋叶原，秋叶原已然成为东京的著名景点。

另外，秋叶原将日本的"宅"文化演绎到了极致。街边有数量众多的动漫店、游戏店，以及女仆咖啡馆等。还有日本人气女子偶像组合"AKB48"进行公演的AKB48剧场。

5. 无人售货店

无人售货店是指无人看管、主要销售蔬菜的小型店铺。在农村地区比较常见。顾客可以随意挑选自己需要的蔬菜，并按标签上的价格，将钱放到指定的小箱子中。店中的蔬菜都是刚刚采摘的，物美价廉。

这种店铺无人看管，全凭自觉和诚信。可以说，日本的无人售货店是民众道德良好的缩影，治安稳定的体现。

6. 折扣票券商店

折扣票券店，主要经营各类折扣票或代金券，也称为折扣票店（チケットショップ）或代金券行（金券屋）。这类商店主要集中在大都市的商业街或车站前，基本的收益来源是代金券和车票（主要是有买赠的多次乘车车票）的买卖差额。近几年，折扣票券商店的经营范围扩展到了新干线车和公交车票、演唱会和专业体育赛事的门票、电话卡等。比起官方渠道，这些店的票券更便宜。同时，折扣票券商店也收购人们不再需要的代金券和车票、门票等，十分方便。

还有些折扣票券商店收购和出售二手手机，经营toto（东洋陶器株式会社）系列产品，收购金或白金制品。折扣票券商店的经营范围已不限于代金券和车票，越来越多样化了。

日本超市的限时优惠

日本商家为了促销接近保质期限的食品，通常会在傍晚至深夜期间贴出该食品的打折信息。日本的企业非常注重食品安全和食品味道，因此，食品的保质期限都比较短。消费者只要选对时间，就可以在超市买到打折的食品。每家商店贴出打折标签的时间略有不同，多数都集中在结束营业前的1至3个小时之间。刺身、副食、便当等食品不能过夜销售，因此在结束营业前通常会以半价出售。

重要词汇

◆ 日本的货币
日本的货币单位为"日元"(「円」也称作「日本円」)。货币符号为"¥",货币代码为"JPY"。目前,市面上流通的有6种硬币,4种纸币。硬币由日本造币局发行,纸币由日本中央银行发行。

◆ 日本的物价
日本的国土面积有限,交通设施比较完备,便于各地间运送货物或商品。东京地区的平均房租超过7万日元,而有些地区房租仅需3、4万日元。

◆ 消费税
消费税是指消费者购买商品或享受服务所需承担的税金。2014年4月1日,日本的消费税由5%上调至8%。日本于1989年导入消费税制度,最初的税率为3%。

◆ 烟草税、特别烟草税
日本对香烟设置了消费税以及"烟草税、特别烟草税"。购买430日元的香烟,需缴纳商品价格的64.4%,即277日元的烟草税。但是,与其他先进国家相比,日本的香烟比较便宜,税率也相对较低。

◆ 百元店
日本百元店里的商品价格一律为100日元(税后108日元),物美价廉。百元店里可以买到日常生活所需的绝大多数用品。如,文具、食品、厨房用具、化妆品、领带、凉鞋、盆栽等。

◆ 秋叶原
秋叶原位于东京,是日本最大的电器商业街。秋叶原的商店主要销售电器、电子配件、家电等产品。由于商店间的竞争十分激烈,因此有些商家会低价出售商品。如今,秋叶原已经成为东京的著名景点。另外,秋叶原的宅文化也十分出名。

◆ 无人售货店
无人售货店是指无人看管,销售蔬菜的小型店铺。在农村地区比较常见。顾客可以随意挑选自己需要的蔬菜,并按上面写好的价格,将钱放到指定的小箱子中。店中的蔬菜都是刚刚采摘的,物美价廉。

练习题

基本问题

问题1　日本的硬币和纸币各有多少面值的？它们各是什么样子的？

问题2　请说明日本物价的地区差异。

问题3　日本什么商品的关税税率比较高？

问题4　百元店能够实现低价销售的原因是什么？

问题5　试说出秋叶原的特征。

应用问题

问题1　现在，100元人民币可以兑换多少日元？

问题2　中国的烟草税现在是多少？

问题3　中国国内销售的日本产品在日本的实际价格是多少？

专栏④ 永无休止的"牛肉盖饭价格战"

牛肉饭是日本十分常见的快餐，制作简单，价格低廉。日本牛肉饭三巨头"吉野家（yoshinoya）""松屋（matsuya）""食其家（sukiya）"的连锁店遍布日本全国。目前，"食其家（sukiya）"在日本全国已拥有2000多家店铺，是店铺数量最多的牛肉饭连锁店。"吉野家（yoshinoya）"积极拓展海外事业，在中国和非洲等地设有600多家分店。吉野家在北京的分店已发展至200多家。

各个连锁店之间竞争激烈。各家连锁店都别出心裁，另辟蹊径想出各种手段来吸引顾客，稳定经营。比如，免费提供味增汤，免费加汤和洋葱，赠送打折券等。

商家之间的价格竞争尤其激烈。2000年，"松屋（matsuya）"将标准碗牛肉饭的价格从390日元下调至290日元。其他的连锁店也争相降价，降价金额超过100日元。商家间的这种价格竞争被称作"牛肉饭之战「牛丼戦争」"。2003年末，因美国爆发BSE（牛海绵状脑病、疯牛病），日本全面禁止进口美国牛，致使日本国内的牛肉饭市场大受影响。但是，澳大利亚牛肉保证了日本国内的市场供应。因此市场的牛肉价格再次降低，各个连锁店之间的牛肉饭低价大战也重新打响。

各个连锁店想尽各种办法节约运营成本，保证产品的低价。一般来说，在日本就餐通常都需要花费500日元以上。因此，或许可以说，消费者才是"牛肉饭之战"当中最大的获利者。

在竞争如此激烈的环境下，经营牛肉饭的商家们仍不断地增加店面，想尽办法在价格战中取胜。看来，日本人对于牛肉饭是发自内心的喜爱和执着。

吉野家的牛肉饭

第五章 日本人的礼仪

为何日本被称作"礼仪之邦"？

　　日本人给外界的印象素来是端正有礼、注重礼节。对于日本人来说，不乱扔垃圾、不在电车内打电话、按秩序排队等行为规范，几乎都是常识。东日本大地震中，日本人体现出的礼仪行为受到全世界的称赞。另外，日本还有很多独特的礼仪习惯，比如用餐礼仪、公共交通礼仪、电车内礼仪等。本章主要介绍日本人的礼仪。

关键词

乘车礼仪　吸烟礼仪　乱扔烟蒂　不给他人添麻烦
礼仪教养　待客礼仪　待客规范条例　用餐礼仪　AA 制

基本信息◆日本人的礼仪

同许多国家一样,日本也有着其独特的礼仪。本节主要围绕日本的乘车礼仪、公园中的礼仪、吸烟礼仪等几项不同于中国的礼仪特点进行介绍。

1. 使用公共交通工具时的礼仪

◆不接打电话

日本人在乘坐公共交通工具时一般不接打电话。考虑到心脏病患者等特殊人群的身体情况,"优先座位"(老弱病残孕专用的座位)附近的乘客会自觉关上手机电源,而车上其他地方的乘客也会将手机调至静音状态。

◆低声交谈

乘坐公共交通工具时可以交流和说话,但是为不影响车内其他人,同伴间一般会低声交谈。

◆有序排队

日本人在等车时自觉排队。当车进站后,先下后上,顺序乘车。

◆行李置于行李架或膝盖上

为了给更多人留出空座位,日本人不会将行李放置于座位上,而是置于行李架或者自己的膝盖上。

2. 公园游园礼仪

◆随手清理垃圾

日本的公园和街道中很少设置垃圾箱。日本人会习惯性地将垃圾打包带回家。

◆宠物管理严格

为避免给他人带来麻烦,宠物须由主人牵领看护。主人必须及时清理自家宠物的粪便。

◆爱护公共设施

为方便下一位使用者,自觉爱护公园内的公共设施。使用过的物品需收拾整理。

◆考虑他人

公园虽为娱乐场所,但是不可大声喧闹或夜里制造噪音打扰他人。

3. 吸烟礼仪

◆ 在吸烟区吸烟

日本的很多工作场所和餐厅都设置了专门的吸烟区。烟民们不可在吸烟区以外的地方随意吸烟。

◆ 不可走路吸烟

日本很多地区规定，对行进中吸烟者处以罚款。在吸烟区以外的地方吸烟或是边走路边吸烟都是违反礼仪规范的行为。

◆ 不可随手乱丢烟蒂

随手乱丢烟蒂是非常不文明的行为。烟蒂必须丢入烟灰缸内。另外，日本呼吁烟民出门随身携带烟缸。

4. 行人礼仪

◆ 行人右侧通行，不可并排行走

在日本，行人靠右侧通行，自行车和机动车靠左侧通行。多人行走时不可横向排开，而是纵向排成一行在道路右侧通行。

◆ 为避免碰撞，错身行走

在日本，即使是上下班高峰也很少出现行人相互碰撞的情况。步行时日本人会自觉错身行走，避免发生身体碰撞。

◆ 乘自动扶梯时靠左站立

在日本乘坐自动扶梯时，乘客会自觉靠左站立，留出右侧作为急行通道。不过，关西地区为靠右站立。

5. 其他礼仪

◆ 图书馆内的礼仪

在图书馆借阅图书时需爱护图书，不随意折角、乱涂乱画。在图书馆内禁止饮食、闲聊。不随意占座或坐在书架前阅读。

◆ 温泉内的礼仪

清洗身体之后方可入浴，不可将手巾或毛巾放入温泉池内。不宜在浴室内来回走动或在温泉池内游泳。泡过温泉后，擦干身上水分，再到更衣室内更衣。

Topic 1 不给他人添麻烦

"不给他人添麻烦"的精神，已经深深扎根于日本国民心中。本部分重点介绍日本人"不给他人添麻烦"的具体表现。

1. 日本人的"教育"

日本人从小就受到来自父母及老师的"礼仪教育"。那么，日本人是如何教育自己的子女的呢？

右图为"父母认为不能在孩子面前做的事情排名"。"不能在孩子面前做的事情"也就是"父母平时需要提醒子女注意的事情"。

"随手乱扔垃圾"和"不爱护公共设施"这两项排在前几位，可以说是日本礼仪区别于他国的特点。这也是日本人平时重视"不给他人添麻烦"的表现之一。

父母认为不能在孩子面前做的事情排名

序号	事情
1	随手乱扔垃圾。
2	不表示感谢。
3	不爱护公共设施。
4	不遵守约定。
5	将过错推给他人。
6	被善意提醒时反而进行顶撞。
7	店员待客态度蛮横无理。
8	见到熟人不打招呼。
9	背后说人坏话。
10	对不喜欢的人无视甚至刁难等。

资料来源：goo 排名 2008 年

2. 遵守时间的日本人

日本人严格遵守时间。日本人从小就被教导"迟到的话会给对方带来麻烦""时间并非只是自己的东西"。因此，不管是与朋友的约定，还是工作上的截止日期，人们都会遵守。如果赶不上约定的时间，也会提前跟对方联系，不给对方添麻烦。如果没有提前联系就迟到，就会失信于人，也会给工作带来问题。

在国外工作时，这种习惯也会得到合作伙伴的好评。日本的电车、公共汽车也是一样，基本都会准时到达。这些也有利于乘客事先规划好自己的时间。然而，由于人们太过遵守时间，生活失去弹性，在对方迟到时容易感到不快等，精神压力也随之产生。

3. 日本人的"不给他人添麻烦"精神

日本人十分介意自己会"给他人添麻烦"。因此，在做事前会充分考虑周围其他人的情况。这一点在日本的礼仪中也有所体现。例如，"遵守时间""有序排队""餐厅中低声交谈"等。许多去过日本或是与日本人共事的外国人对此十分赞赏。

去过日本的人，似乎都感觉日本人不太对他人敞开心扉。其中的一个原因是，日本人会这么想：如果过分亲昵地突然搭话，可能会让对方困扰；对方看起来很忙所以还是不要打扰了等。

4. "不给他人添麻烦"精神的具体表现

日本人的"不给他人添麻烦"精神，具体是如何表现的呢？除了之前列举的例子之外，日本人在其他许多地方，都会先考虑对方的情况再采取行动。以下是不同场合下日本人的礼仪。大家可以借此来思考这些行为是如何反映日本人"不给他人添麻烦"的精神的。

工作
- 遵守时间。
- 如遇特殊情况须提前与负责人联系。
- 休假须提前申请，并考虑工作的整体情况。
- 保护个人信息。

公共场所
- 不乱扔垃圾。
- 爱护公物。
- 为避免他人等待，不长时间占用公共设施。
- 步行时不与他人发生碰撞。

旅游景点
- 低声交谈。
- 有序排队。
- 为避免他人等待，迅速购票。
- 遵守集合时间。

拜访他人
- 不随意在他人家中走动。
- 不盯看私人物品。
- 不随意带自己的朋友前来拜访。
- 在玄关处脱鞋并摆放整齐。

公园的使用规定

日本的公园有一些使用规定。不同公园的规定有所不同，但规定的目的均在于保证大家在公园内的安全和愉快的心情。以下是一则公园规定的例子。

<阿佐谷北儿童乐园>
- 友好相处。
- 爱护游乐园的公共设施。
- 保持整洁。
- 不扔球。
- 不使用棒球棒。
- 小心受伤。
- 不折树枝。
- 不带宠物进入。

Topic 2　店员的待客礼仪

初次来日本的外国人都会对日本店员的礼仪感到吃惊和赞叹。日本的店员对待顾客十分耐心，并且不会在工作时间内做与工作无关的事情。本部分介绍日本店员的待客礼仪。

1. 重视客人

消费者在购物或进餐时，最看重的是商品的价格和质量、菜品的味道。除此之外，店员的服务也是吸引顾客的重要原因之一。

特别是东京等大城市中，商家间的竞争十分激烈。为争取更多的客源，商家通常会向消费者赠送商品优惠券和小礼品。各商家也格外重视店员的待客服务，因为这是不花钱又能招揽顾客的好方法。

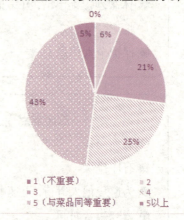

资料来源：C-NEWS 编辑部　2009 年

2. 店员需经过全面礼仪培训

在日本，正式职员和兼职人员均需要经过全面的礼仪培训。兼职人员同样需要掌握高水准的待客礼仪，如果是商家急需的人才，收入甚至会高于新入职的正式员工。

很多连锁店也制定了相应的待客规定，各个店铺间的规定略有不同。很多商家会培训员工使用敬语、熟悉商品相关信息，或在开店前集合员工进行问候语的练习。

3. 日本待客礼仪的特征

（1）微笑迎客

待客礼仪的基础是保持微笑迎接顾客。大声向顾客打招呼。当顾客进店时表示欢迎，大声说"いらっしゃいませ（欢迎光临）"。顾客出店门时表示感谢，大声说"ありがとうございました（谢谢光临）"。店员应注意表达清楚，饱含感情，带给顾客愉快的消费体验。即使顾客没有消费也要在其出店门时致谢，说"ありがとうございました。またお越しください（谢谢，期待您下次光临）"。

（2）为顾客着想

日本的待客礼仪强调商家应站在顾客的立场上考虑问题。店员会尽可能的满足顾客需求，商家会对消费者进行问卷调查了解消费需求。无论顾客有何要求甚至是投诉，商家都会首先表示"申し訳ありません（十分抱歉）"，然后站在顾客的角度理性地处理问题。

（3）消费环境自由

过分的纠缠或强制性的待客方式会引起顾客的反感。最近，为了创造一个自由、舒适的消费氛围，店内的工作人员都会等待顾客前来询问，而不是主动招呼顾客。在餐厅点餐时，店员递过菜单后会暂时离开，待顾客决定菜品之后再次返回进行下单。店员需要时刻关注店内情况，适时为顾客提供服务。比如顾客抬头环视周围，店员便会快速上前询问是否需要服务。

4. 待客礼仪中存在的问题

日本的待客服务受到外国人的赞赏。但是，很多连锁店为了向顾客提供更好的服务体验而制定了待客行为规章条例，店员需要遵从规定提供服务。因此，很多人指出"待客方式不灵活，感受不到真心实意的服务"，"服务过头了，不舒服"。

越来越多的人，在店员笑着跟自己打招呼的时候觉得是理所应当，不作任何回应。有人认为，日常对话的缺乏导致现在的待客礼仪中，缺少了一种心灵的沟通，而帮助整理客人脱下的鞋子，领着客人去卫生间等服务并不需要，反倒很烦。

收银时的待客礼仪

「いらっしゃいませ。商品をお預かりいたします。」
（欢迎光临，这些是您需要的商品吗？）
「以上2点で2640円のお買い上げでございます。ありがとうございます。」
（您购买的这些商品一共2640日元。谢谢。）
※ 向顾客鞠躬。顾客拿钱时将商品装入购物袋。
※ 顾客交钱后，暂时放下手中装商品的工作，先点钱结账。

「1万円をお預かりいたします。」（收您1万日元。）
「まずお先に7000円をお返しいたします。」（先找您7000日元。）
※ 将纸币递给顾客，之后准备硬币零钱。

「残り、360円のお返しになります。お確かめ下さい。」
（这是剩下的360日元。请您确认。）
※ 将硬币置于手掌，为顾客确认硬币金额。
※ 将收据与硬币一同交给顾客。

※ 顾客将零钱放入钱包后，双手递过购买商品。
「お待たせ致しました。」（让您久等了。）
「ありがとうございます。また、お越しくださいませ。」
（谢谢。期待您的下次光临。）
※ 再次鞠躬致谢。

Topic 3　日本人的用餐礼仪

日本与中国同为亚洲国家，用餐时习惯使用筷子。但是，两国的用餐礼仪却有很多不同之处。本部分对日本的用餐礼仪进行简要介绍。

1. 用餐礼仪

◆用餐前后的寒暄语

日本在用餐前会说「いただきます」（我开动了），用餐完毕后会说「ごちそうさまでした」（承蒙款待，我吃好了）。这两句寒暄语中包含了对赐予人类食物的神灵、种粮食的农民以及烹饪菜肴的人的感谢之意。

◆端起餐具进餐

日本人习惯进餐时端起盛有食物的餐具。不端起餐具而把脸凑近碗盘进食，或将胳膊肘支在桌子上进食等都是不符合礼仪规范的行为。

◆食物残渣不可置于餐桌上

日本人不喜欢在进餐时弄脏餐桌，因此肉和鱼的骨头等食物残渣不是直接放在桌子上，而是放到空碟或托盘中。

◆吃面时可以发出声响

在很多国家吃面时发出声音是一件有失礼貌的事情。然而，在日本吃拉面或荞麦面时发出声音是为了表示这碗面十分美味。

◆干杯的方式

与中国不同，日式干杯不会将杯中的酒一饮而尽。同时，干杯一般只是在进餐开始时进行一次。因为宴会在干杯之后方才开始，所以与会嘉宾通常在此前不会进餐。

◆放置筷子的方式

筷子文化原是由中国传到日本的。但是，中国习惯将筷子纵向摆放，而日本习惯将筷子的头部朝左，横向摆放。

◆进餐时低声交谈

在日本，进餐时大声讲话会被认为没有礼貌。特别是在餐厅，大声说话会影响到其他顾客。因此，交谈时应该将音量控制在使同桌人可以听到的程度。

2. 用餐礼仪与家庭教育

教会子女用餐礼仪是父母的责任，并且用餐礼仪也与家庭教育有很大关系。那么，日本的家庭是如何进行用餐礼仪教育的呢？

下图是日本人提醒子女在进餐时注意的事情。可以看出多数日本人对于孩子的用餐姿势、用餐卫生、用餐时说话或发出声响等，都是有具体要求的。

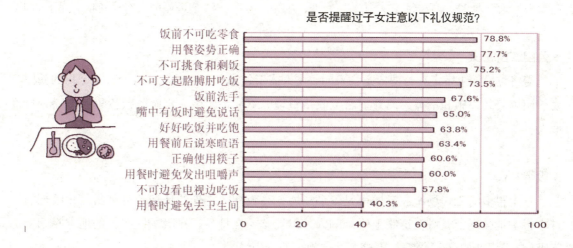

是否提醒过子女注意以下礼仪规范？

- 饭前不可吃零食 78.8%
- 用餐姿势正确 77.7%
- 不可挑食和剩饭 75.2%
- 不可支起胳膊肘吃饭 73.5%
- 饭前洗手 67.6%
- 嘴中有饭时避免说话 65.0%
- 好好吃饭并吃饱 63.8%
- 用餐前后说寒暄语 63.4%
- 正确使用筷子 60.6%
- 用餐时避免发出咀嚼声 60.0%
- 不可边看电视边吃饭 57.8%
- 用餐时避免去卫生间 40.3%

3. 用餐 AA 制

日本人在餐厅用餐后结账时通常会均摊费用。也就是中国人常说的"AA制"。结账时采用 AA 制是为了同伴间在用餐时可以无所顾忌，轻松享受进餐过程，并且不会给特定的人增添负担。在日本，即使是恋人之间也通常使用 AA 制。当然，与上司一同用餐多是由上司承担费用。

另外值得注意的是，即使上司会付款，也要拿出钱包主动要求承担餐费，上司付款后要向上司表达自己的感谢。若是一副"上司请客是理所应当"的态度会有失礼节。

> **一般情况下的结账方式**
> - 朋友之间：基本都是 AA 制。也有学长学姐请客的情况。
> - 同事之间：上司请客的情况较多。职位和地位相同时一般都是 AA 制。
> - 恋人之间：男方请客或男方付大部分饭钱的情况较多，但在还是学生的时候一般都是 AA 制。

4. 适量点餐

日本人厌恶剩菜剩饭。这与日本人珍惜粮食的文化有关。因此，和中国相比，日本每份菜肴的量都很少，基本不会造成剩余。在日本，吃净餐盘中所有的菜肴是一种礼貌。

在餐厅中点餐时，日本人通常会按人数点菜，当菜品不够时再添加。自己吃不完的菜品也可以请别人吃掉。

重要词汇

◆乘车礼仪

乘坐公共交通工具时,一般情况下不接打电话,并将手机关机或调至静音状态。在日本,在乘坐交通工具时大声讲话有失礼节。另外,在等待电车或汽车进站时,有序排队,先下后上。

◆公园游园礼仪

需将垃圾随手带走。若携带宠物入园,主人需牵领看护,并且及时清理自家宠物的粪便。爱护园内公共设施和用具,离开前自觉收拾整理。不可在园内大声喧闹或夜里制造噪音打扰他人。

◆吸烟礼仪

日本很多的工作场所和餐厅都是禁烟场所,在吸烟区之外的任何地方都是禁止吸烟的。日本很多地区规定,对在道路上吸烟的人处以罚款。在日本,在吸烟区之外的地方吸烟、走路吸烟、随手乱扔烟蒂等都是不符合礼仪规范的行为。

◆店员的待客礼仪

店员的待客礼仪是吸引客源的重要手段,商家会对店员进行待客礼仪培训。店员应当微笑迎客,为顾客着想。但是,如今的待客礼仪被商家制定为行为规范条例,有些顾客对此不满,认为这样"不灵活,感受不到真心实意的服务"。

◆用餐礼仪

在日本,用餐前会说「いただきます」(我开动了),用餐后会说「ごちそうさまでした」(承蒙款待,我吃好了)。进餐时要用手端起碗吃饭,不可将胳膊肘支在餐桌上。鱼骨头等食物残渣应置于空碟中。吃拉面或荞麦面时发出声音是为了表示这碗面十分美味。干杯时不需要一饮而尽,干杯仅在用餐前进行一次。

◆ AA 制

所谓 AA 制,是指各人平均分担所需费用。当与上司共同进餐时,一般是由上司买单。在日本,即使恋人之间也通常采用 AA 制结账。情况不同,支付金额和付款人会有不同。

练习题

基本问题

问题1　携带宠物进入公园时，需要注意哪些事情？

问题2　请列举日本人洗温泉时的礼仪。

问题3　日本的礼仪特征当中，最受日本人重视的是哪一点？

问题4　日本店员的待客礼仪中现存的问题是什么？

问题5　试说明日本与中国干杯方式的不同之处。

应用问题

问题1　试了解日本人在生日聚会上的结账方式。

问题2　试了解「UNIQLO（ユニクロ）」（优衣库）的待客礼仪规范。

问题3　你认为中国人在礼仪方面可以做出哪些改进？

专栏⑤ 日本人在地震时的表现震惊世界

2011年3月11日,日本发生了里氏9.0级地震,震源位于宫城县以东,西太平洋海域的三陆冲。地震引发了日本有史以来最强的海啸。日本的东北地区及关东地区的太平洋沿岸一带都遭到了灾难性的破坏。在这次灾难中受伤及遇难的人数达到了两万人,很多房屋被毁,很多人都失去了住所和家人。

全世界的媒体都报道了此次地震事件。其中,最令世界惊叹的是日本受灾者的礼仪。

美国的媒体高度称赞了日本人面对灾难时的井然有序。以"为何日本不会发生掠夺事件""无可非议的礼仪"为题,报道了日本受灾时的状况。其中,有一则报道的内容是这样的:一名脚部受伤的女性在被紧急送去医治的过程中,不顾自己的伤痛,不断地向救助人员表示歉意,并且十分担心其他伤者的安危。

中国的《广州日报》将日本受灾者遭遇地震后的行为比作"一场无声的电影",以下是在日中国人的回忆记录:

"东京。交通瘫痪、数百万人徒步回家。所有人都十分镇定,并且自觉排成了队列。听不到责难或埋怨。更没有驾驶员按喇叭催促行人。"

"广场上有数百人避难,但是没有一人吸烟。管理员向所有人发放毛巾、热水以及饼干等。男性帮助女性。3个小时后,避难人员各自离开,但是广场上没有留下任何垃圾。"

(摘自 *Record China*)

令各国媒体惊讶的是,日本人面对如此之大的灾害没有表现出过度的悲伤,即使失去了家人和朋友也没有过分地大声哭喊。在接受他人帮助时说的更多的不是「ありがとう」(谢谢您),而是「すみません」(不好意思,实在是麻烦您了)。

这充分体现了日本人"不给他人添麻烦"的礼仪特点。即使在地震这种生死攸关的情况下,日本人依旧会维持秩序,遵守规范。

第六章　日本的交通

日本电车中真的设有女性专用车厢吗？

提到日本的交通，大家首先想到的是什么呢？是世界上第一条投入商业营运的新干线？是路线错综复杂的东京地铁？还是每日拥挤的满员电车？日本的交通有不同于他国的特点。公路上行人优先，机动车靠左通行。电车内设置了行李架和女性专用车厢。本章将对日本的交通系统以及交通规则进行介绍。

关键词

交通礼仪　道路交通法　行人优先　JR　私铁
地铁　新干线　女性专用车厢　声音指示信号灯

基本信息◆日本的交通

1. 交通方式——体系完备、方式多样

特点① 私家车的普及
特点② 发达的公共交通系统
特点③ 便利的长距离客运

随着战后科学技术和施工技术的进步，日本的交通体系逐渐完善，方式也愈加多样。如今，日本的私家车普及率较高，电车、地铁、公交车、出租车等交通系统也十分发达。另外，随着高速公路的建设、高速铁路的开通以及航空路线的完善，长距离客运也不再是难题。

日本大城市的交通系统尤为发达，多数市民上下班或是上下学都会依靠各种公共交通工具。而在一些地方城市中，私家车则是主要的交通手段，仅有少数人会选择乘坐铁道交通。

大城市、中枢城市、地方城市的交通方式

地区	铁路	公交车	私家车	摩托车	自行车	步行及其他
东京23区（大城市）	36.7%	3.8%	14.2%	1.7%	16.3%	27.3%
札幌市（中枢城市）	17.6%	3.9%	42.0%	0.3%	11.4%	24.8%
松江市（地方城市）	1.3%	3.5%	67.5%	1.8%	12.5%	13.3%

资料来源：国土交通省《都市交通调查》 2010年

2. 交通礼仪

日本人给外界的印象素来是遵守规则，秩序井然。的确，日本人一向遵守交通规则，和其他国家相比，更加重视交通礼仪。即使没有车辆来往，也几乎不会有行人闯红灯横穿马路。

日本的交通规则规定"行人优先"，因此驾驶员在驾驶时十分谨慎。在日本，除紧急情况之外，即使发生了严重堵车也几乎听不到驾驶员按喇叭的声音。另外，开车插队也是很不礼貌的。

行人礼仪
- 即使没有车，红灯时也不横穿马路。
- 走人行横道。
- 不可并排行走。
- 没有人行道的情况下，靠右通行。

机动车驾驶员礼仪
- 不随意鸣笛。
- 转弯时提前打转向灯。
- 路口转弯时减速慢行。
- 不从窗户向外扔垃圾。

3. 完备的交通体系

日本的交通体系规划由国土交通省负责。在国土交通省的长期规划下，日本的公路、铁道、机场等交通基础设施逐渐得以完善。

1964年的东京奥运会之后，日本的高速公路不断得以建设和完善。新干线自1964年开通以来，路线也逐渐遍及整个日本。机动车数量也开始逐年增加。泡沫经济时期，道路开发也进行得如火如荼。

日本的公路密度位居世界第一，并且遥遥领先于第二位的比利时。铁道密度仅次于捷克共和国位居世界第二。不难看出，日本的交通基础设施领域领先于世界。当然，这也与日本人口密度大有很大关系。

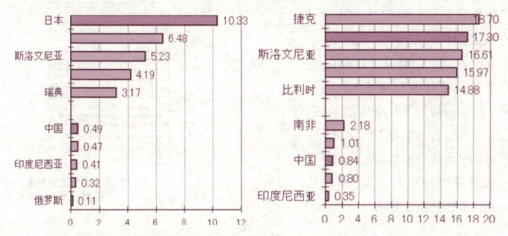

※ 公路密度为2007年、铁道密度为2008年数据
※ 资料来源：OECD（2011年）Economic Policy Reforms　2011年

4. 交通现存问题

日本的交通体系完备，交通事故的应对措施也比较到位。但是，仍存在很多亟待解决的问题。例如，很多人住在东京近郊，每日早晚高峰时的电车十分拥挤，路面交通也格外拥堵。地面停车场数量较少，违规停车现象严重。市中心的停车费较高等。

另外，城市与地方之间交通设施的差距问题也值得关注。在很多地方城市中，一天之内只有几班公交车或电车往来，公共交通设施利用率较低，人们多是依靠私家车出行。在这样的地方，老年人和"无车族"的出行极为不便。

随着日本老龄化的发展，老年驾驶员和老年行人数量将逐渐增加。虽然近年来日本的交通事故减少，但是日本仍需要积极探讨老龄社会下的交通安全问题。

Topic 1　日本的道路交通

日本的汽车公司举世闻名，日本家庭的私家车普及率也很高。本部分将结合其他国家的情况，对日本的道路交通进行重点介绍。

1. 汽车的普及

日本是世界著名的汽车制造大国，主要代表公司有丰田、日产、本田等。日本的机动车普及率也相对较高。特别是在中小城市及乡村，汽车是人们主要利用的交通工具，几乎所有上班族都拥有私家车。日本规定，18岁以上即可考取驾照。

随着汽车的普及，自1963年日本的首条高速公路建成开通以来，高速公路网逐渐遍及全国。因此，自驾远行也十分方便。如今，更多的日本人会在私家车上安装可自动缴费的ETC车载器，以便快速通过高速公路收费站。

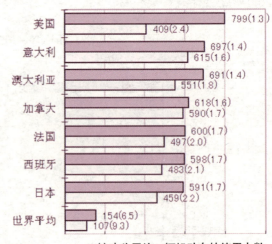

主要国家机动车的普及率：一千人平均拥有车辆数

■所有四轮机动车　□小轿车

国家	所有四轮机动车	小轿车
美国	799(1.3)	409(2.4)
意大利	697(1.4)	615(1.6)
澳大利亚	691(1.4)	551(1.8)
加拿大	618(1.6)	590(1.7)
法国	600(1.7)	497(2.0)
西班牙	598(1.7)	483(2.1)
日本	591(1.7)	459(2.2)
世界平均	154(6.5)	107(9.3)

※( )内为平均一辆机动车的使用人数
资料来源：JAMA　2011年

2. 日本的交通规则

日本的交通规则依据道路交通法而制定。日本的交通规则中最大的特点是"行人优先"。机动车在人行横道或路口拐弯时，需要提前减速，确保有行人出现时能够及时停车。这项规定虽然确保了行人的安全，但是无形之中却加重了驾驶员的驾驶负担。

在日本，机动车靠左通行。日本车的驾驶位在右侧，若持有驾照也可驾驶驾驶位在左侧的进口车。多数国家规定机动车应靠右侧通行，靠左侧通行的国家有日本、意大利、英国、澳大利亚和印度等。另外，行人应在人行道内行走，若没有人行道时应自觉靠右通行。

中国和美国等国家规定，红灯时，机动车可以右向转弯。但是，为了确保行人的通行安全，并且不影响机动车的通行以及避免交通拥堵，日本规定，除特殊地点外，红灯时机动车禁止转弯。

日本与中国的道路交通规则之比较

规则	日本	中国
驾驶位所在位置	右侧	左侧
机动车通行方向	左侧通行	右侧通行
红灯时可否转弯	不可	可右向转弯
是否将系安全带纳为义务	是，且前后座席均需系安全带	是，前方座席需系安全带
国际驾驶证是否有效	是	否

3. 交通事故

1970年被称作"交通战争年"，这一年日本因交通事故而死亡的人数达到了16765人。对此，日本采取了一系列的措施，因此在短时间内，死亡人数有所下降。但是，死亡人数于1970年下半年再次增加。之后，日本积极探讨应对措施，开展各种交通安全宣讲活动，交通事故死亡人数自1993年起下降。2005年之后，日本的死伤者人数及伤亡事故逐年减少。不过，现有状况仍旧十分严峻。

日本警视厅为预防交通事故的发生，积极开展全国交通安全周活动，严厉处罚酒驾等行为。另外，日本规定，载有婴幼儿的普通车辆内设置儿童座椅、驾驶员和前后排乘客均系安全带是必须遵守的法律义务。

世界各国交通事故死亡率之比较（人／10万人）

序号	国家	死亡率
1	巴西*	24.9
2	俄罗斯*	19.2
3	墨西哥*	17.5
4	智利**	14.4
5	南非**	14.1
6	韩国	13.8
7	美国*	12.4
29	日本	4.5

*2010年、**2009年　资料：OECD　2011年

日本的自行车利用状况

日本的学生在上下学时，主妇前往超市购物时常常选择自行车出行。但是，日本的道路比较窄，几乎没有自行车专用道。因此，自行车不得不在机动车道或是允许自行车骑行的人行道上行驶，这也是引发交通事故的原因之一。

另外，由于寄存自行车的场所较少，很多人随意将自行车停在车站附近。此举在妨碍其他行人通行的同时，也增加了自行车被盗的风险。日本为了防止偷盗自行车现象的发生，规定在购买自行车时需进行防盗登记，并在自行车上贴上车号牌。

Topic 2 公共交通系统

日本虽然汽车产业十分发达，但是市中心的人们多选择乘坐铁道交通和公共汽车。日本地铁和新干线的发展领先世界。本部分主要介绍日本的公共交通系统。

1. 铁道

日本的铁道主要分为两种，即"JR（Japan Railways）"和"私铁"。原本由政府运营的"国铁（日本国有铁道）"于1987年分割为六家旅客铁道公司和一家货物公司，并且从此走上民营道路。其分离出的各公司合称为"JR（JR集团）"。JR的铁道路线遍布整个日本，很多日本人都会选择乘坐JR出行。

除JR之外的民营铁道被称作"私铁"，交通路线主要设置在东京、大阪等大城市的市区。私铁包括"东武铁道（东武）""东京急行电铁（东急）""近畿日本铁道（近铁）"及"东京地铁（东京Metro）"等。

大城市当中，有许多JR与私铁均停靠的换乘站，换乘人数较多。日本铁道的年平均客流量约为235亿人次，位居世界第一。第二位为印度，年平均客流量约为50亿。可见，日本的铁道利用率相当高。

铁道的年均运送人数

国家	人数
日本（JR）	88亿4100万人
日本（大型私铁）	95亿7900万人
印度	50亿9300万人
德国	16亿8170万人
俄罗斯	12亿7200万人
巴西	12亿5546万人
中国	10亿5606万人

资料来源：国土交通省　2012年

2. 地铁

日本第一条地铁于1927年开通，它是仿照阿根廷布宜诺斯艾利斯的地铁设计建造的，也是全亚洲最早的地铁路线。自此之后，日本不断推动地铁建设。如今，东京、大阪、名古屋、福冈、京都、神户、埼玉、札幌、仙台、横滨、广岛等城市均已开通地铁服务。

东京的地铁最为发达。由东京Metro、都营地下铁、东京临海高速铁道（临海线）三大地铁经营体共同运营。目前共有14条路线，293个车站。东京各站间的距离很短，特别是位于市中心的地铁站分布密集，因此出行十分便利。但是，上下班高峰时段地铁十分拥挤，经常会出现挤不上车的情况。这也是令地铁乘客十分苦恼的问题之一。

3. 公交车

日本的公交车包括公营公交、民营公交、地方政府直营公交等。公交车在市区多为均一票价，其他地区多为分段计价。日本也有长途客车，但是路线和班次均比中国少。"夜行巴士"上多为活动靠背座椅，可使靠背向后方倾斜一定角度，但是没有像中国一样的卧铺客车。

乘坐均一票价的无人售票公交车时，需要前门上车并支付车费，到站时从后门下车。乘坐分段计价的公交车时，需从后方上车并领取号牌（日语称作"整理券"），公交车前部会有特定装置显示号牌对应的票价。下车时，需将车费和"整理券"一起放入投币口并从驾驶员侧面的车门下车。

4. 新干线

日本的新干线于 1964 年开通，是世界上第一条最高时速达到 200 公里的高速铁路。之后，新干线的路线逐渐遍布全日本，北起青森南至鹿儿岛。最高速度可达每小时 300 公里，由东京到达新大阪仅需 2 小时 25 分。现在，日本正在大力建设北海道新干线和北陆新干线等路线。如今，由日本铁路公司集团负责新干线的运营，其中东京至新大阪的乘车费用为 1 万 3620 日元。

日本新干线的线路

新干线	起点站	终点站	行驶距离	开通年份	运营公司
北海道新干线	新青森站	新函馆北斗站*	149 公里	2016 年	JR 北海道
东北新干线	东京站	新青森站	713 公里	1982—2010 年	JR 东日本
上越新干线	大宫站	新泻站	303 公里	1982 年	JR 东日本
北陆新干线	高崎站	金泽站*	346 公里	1997 年—在建	JR 东日本
东海道新干线	东京站	新大阪站	552 公里	1964 年	JR 东海
山阳新干线	新大阪站	博多站	644 公里	1972—1975 年	JR 西日本
九州新干线	博多站	鹿儿岛中央站	288 公里	2004—2011 年	JR 九州

※ 北陆新干线将延至敦贺站，建设中。　北海道新干线将延至札幌站，建设中。

5. 飞机

日本国内现有 97 个机场，运营着国内航线和国际航线。从本州到北海道和冲绳等较远的地方，乘坐飞机较为方便，因此北海道和冲绳有很多航班。反而离大阪很近的京都和离东京很近的神奈川县等地没有机场。日本的航空公司中，日本航空（JAL）和全日本空输（全日空/ANA）两大公司在国内市场中拥有压倒性的份额。近年，日本国内的新干线逐渐发展，人们不用乘坐飞机即可在短时间内，在日本国内通过陆路旅行。因此，航空业竞争十分激烈。日本的航空公司正通过提供里程优惠和折扣机票等方式，提升自己的服务水平，以确保客源。

世界上使用人次最多的新宿站

新宿站位于日本东京，日平均客流量超过 300 万人次，是世界上使用人次最多的铁路车站。目前，JR 线（山手线、埼京线、中央本线、湘南新宿线）、小田急线、京王线、东京 Metro（丸之内线）、都营地下铁（都营新宿线、都营大江户线）均经过新宿车站，因此，在新宿站换乘的乘客也非常之多。第一次到新宿站的乘客很有可能会被错综复杂的换乘线路和出口方向搞得晕头转向。日本的池袋站（位于东京）和涩谷站（位于东京）为世界上使用人次第二及第三多的车站。

Topic 3　日本交通的特点

日本的交通起步早、发展快，并且十分安全和便利。日本的交通有着不同于其他国家的特点。本部分将对其中几项特点进行介绍。

1. 从小培养交通安全意识——过马路的注意事项

日本人从小就开始接受来自学校及家庭的交通安全教育。其中，家长和老师强调最多的就是"红灯亮时禁止通过""过马路时应右看左看再右看，确认安全后再通过""过马路时举手示意"等过马路时的注意事项。

日本人遵守规则的意识较强。另一方面，日本人会认为"若违反交通规则的行为被他人看到了会很没面子"。

2. 加强女性的乘车安全——女性专用车厢

每日的上下班时段，交通系统的客流量很大，几乎每辆电车都是满员运行。2001年，日本为防范女性在拥挤的车厢内遭遇性骚扰问题，专门设置了女性专用车厢。

女性专用车厢位于车头或车尾部，仅可在乘车高峰时段使用。但是，也有人对女性专用车厢的设置持否定态度，认为"这会使其他车厢更加拥挤""此举属于性别歧视"等。

3. 确保盲人的通行安全——声音指示信号灯

日本的信号灯设置比较人性化。例如，为盲人专门设计的"声音指示信号灯"。盲人在过马路时可以通过声音判断信号灯的变化和正确的通行方向。当绿灯亮时会播放音乐，当红灯亮时则播放警告提示音。

另外，某些车流量较少的地区设置了"按钮式信号灯"。行人通过时按一下装置上的按钮，路口的信号灯就会变为绿色。但是，这种"按钮式信号灯"一般只在深夜使用，以保证行人安全。

4. 实现有计划的出行——准时准点的公共交通

日本所有的公共交通都会严格遵守时间。特别是铁道交通，通常都是准时进站，几乎不会出现延误一分钟以上的情况。日本人极强的时间意识、计算机对于运行状况的精确管理、驾驶员的娴熟技术等，均可确保公共交通的准时进站与发车。虽然地面交通仍会受到拥堵现象的影响，但是晚点现象较少，且每种交通方式都有明确的时刻表。日本交通的准时性着实令来访日本的外国人感到惊讶，但是也有人表示，明确的时间表也许会束缚了日本人真正的生活。

5. 简化购票环节——IC 交通卡

日本人多使用 IC 卡乘车。日本的 IC 卡包括"Suica"和"PASMO"等很多种类，可以支付铁路及公交等交通方式的交通费。

每种交通卡可乘坐的交通工具和可享受的服务略有不同。乘客可向卡内充值，反复使用。另外，开通电子钱包的 IC 卡还可以在商店或自动贩卖机进行消费支付。

6. 降低出行成本——"青春 18 乘车券"

"青春 18 乘车券"是日本 JR 公司发行的一种超值的旅游通票，可在每年春、夏、冬季使用。它每册含有 5 枚车票，可以在一天之内自由搭乘 JR 全线的普通车和快速列车。乘客可以在 JR 车站的绿色售票窗口购买，票价为 11850 日元。

使用"青春 18 乘车券"，仅需 2370 日元即可从东京到达福冈。持"青春 18 乘车券"可以在途中任意次数下车，比较适合漫游日本的游客。除 JR 之外，日本其他的交通公司也同样发行较为划算的特价车票。

电车车厢 = 睡觉场所？

令很多外国人惊讶的是，在日本的电车或公交车中放眼望去，竟有很多日本人都在睡觉，有些乘车距离较远的乘客会选择在电车中"补觉"。这也充分体现了日本良好的治安状况。在日本，将在电车上丢失的手机或是钱包"完璧归赵"的现象也是屡见不鲜。年长的日本人多会在电车中读报纸、杂志和小说，而年轻人多会玩游戏和听音乐。

重要词汇

◆ 道路交通法

日本的交通规则依据道路交通法而制定。日本的交通规则规定，一般情况下均为"行人优先"，机动车靠左侧通行。另外，除特殊情况之外，红灯时禁止转弯。

◆ JR 与私铁

日本的铁路主要分为 JR 和私铁。日本国铁于 1987 年分割为七家公司，并将原本国有的经营权转为民营，分离出的各公司合称为日本铁路公司集团。除 JR 之外的民营铁道被称作"私铁"。日本铁路每年平均载客 235 亿人次，位居世界第一。

◆ 地铁

1927 年，日本于东京开通第一条地铁线路，如今日本地铁已经遍布 11 个都道府县。其中，东京的地铁由东京 Metro、都营地下铁、东京临海高速铁道（临海线）三大地铁经营体共同运营。目前共有 14 条路线，293 个车站。

◆ 新干线

日本的新干线由日本铁路公司集团负责运营。1964 年开通，是当时世界上第一条最高时速达到 200 公里的高速铁路。之后，新干线的线路逐渐遍布日本全国，最高速度可达每小时 300 公里。乘坐新干线从东京至新大阪仅需 2 小时 25 分。

◆ 女性专用车厢

2001 年，日本为防范女性在拥挤的车厢内遭遇性骚扰问题，专门设置了女性专用车厢。女性专用车厢位于车头或车尾部，仅可在乘车高峰时段使用。

◆ 声音指示信号灯

"声音指示信号灯"是专门为盲人所设计的组合装置。当绿灯亮时会播放音乐，当红灯亮时则播放警告提示音。盲人在过马路时可以通过声音判断信号灯的变化和正确的通行方向。

◆ 青春 18 乘车券

"青春 18 乘车券"是日本 JR 公司发行的一种超值的旅游通票，可在每年春、夏、冬季使用。它每册含有 5 枚车票，可以在一天之内自由搭乘 JR 全线的普通车和快速列车。票价为 11850 日元。

练习题

基本问题

问题 1　请说明大城市与地方城市在交通工具使用上的不同。

问题 2　日本的警视厅为减少交通事故采取了哪些措施？

问题 3　请说明乘坐日本的公交车时应如何购票？

问题 4　试说明日本交通准时准点的原因。

问题 5　请说明日本电车中设置女性专用车厢的原因。

应用问题

问题 1　东京著名的环状电车线路被称作什么？

问题 2　查阅日本航空公司和国际机场的相关资料。

问题 3　利用网络，查询由东京到大阪的线路。

专栏⑥ 世界首条新干线，五十多年零伤亡

日本的新干线于1964年10月1日，东京奥运会前夕开始通车营运。第一条路线是连接东京与新大阪之间的东海道新干线，全程需要4个小时，这条路线也是全世界第一条投入商业营运的高速铁路系统。法国也随日本之后开通了GTV高速铁路，但是开通时间却比日本晚了17年。可见，日本当时的铁道技术世界领先。

另外值得一提的是，日本新干线自1964年开通50多年以来没有发生过一起乘客伤亡事件，安全性极高。下面是一个充分体现日本新干线安全性的真实事例。

2011年3月11日，日本发生了东日本大地震。强烈的地震和海啸造成多人伤亡。但是，即使在这种状况之下，也没有一辆新干线发生脱轨事故。这是由于早期地震监测警报系统紧急制动，使新干线在地震来临的9秒前得以刹车减速，因此没有造成人员伤亡。

然而，在2004年的新潟县中越地震中，一辆正在行驶的上越新干线由于受到地震影响，共有8节车厢脱轨。这也是日本新干线首次发生脱轨事故。所幸的是乘客中没有任何人受伤。此次事件之后，日本当局深刻反省，彻查事故原因。也正因如此，才保全了东日本大地震中所有乘客的人身安全。

前国铁总工程师冈田宏在谈到新干线安全秘诀时，明确指出了三点："一是时刻提醒自己安全再安全。二是万全的设备。三是对从设计制造到运营、日常检查、修理等全部环节的人员进行终身培训，而且以年为单位循环进行。"从中我们不难看出，日本人永远会将安全放在第一位。

日本的交通仍在不断发展。它敢于突破常规，不一味地追求眼前利益，致力于为乘客提供安全和舒适的乘车环境。

（文·李帆杰）

第七章　日本的环境对策

日本的街道当真"一尘不染"

　　当国外游客第一次到日本，最吃惊的莫过于日本的干净整洁。街道、车站以及公园都是一尘不染。然而，众所周知，如今的环境问题是世界各国共同面临的重大问题。中国随着经济不断发展，环境污染问题也日益凸显。日本也同样存在很多亟待解决的环境问题。本章将对日本环境问题的现状及其对策、环境教育等问题进行介绍。

> **关键词**
>
> 日本四大公害病　循环型社会　MOTTAINAI　4R
> 持续发展型社会　垃圾分类　可再生能源　地产地消

基本信息◆日本的环境对策

1. 日本四大公害病

公害病指由人类活动造成严重环境污染引起公害所发生的地区性疾病。1950 年至 1960 年，日本处于经济高速发展时期，着重发展重工业。由工厂排放出的有害物质污染了水和空气，并且严重危害到了人们的健康。当时，日本全国各地公害病频发，其中影响较大的四例被称为"四大公害病"。

日本四大公害病

名称、年份及发病地区	主要症状	主要原因
痛痛病（骨痛病） 1910 年前后 富山县神通川流域	骨骼软化（全身骨质松脆并伴有剧痛）、肾功能衰竭。患者常常大叫"痛啊痛啊（痛い痛い）"在极度疼痛中死去。	金属工厂排放的含镉废水污染了周围的耕地和水源，当地居民由于长期饮用受镉污染的河水，并食用此水灌溉的含镉稻米而患上此病。
水俣病 1953 年前后 熊本县水俣市不知火海沿岸	神经障碍、手脚震颤、言语障碍、重听	化学工厂排出的废水中含有大量汞，流入海内，并通过海洋生物体表的渗透进入人体内。
四日市哮喘 1959 年前后 三重县四日市	呼吸系统疾病	石油化工联合企业燃油产生了大量废气（二氧化硫），造成大气污染。
新泻水俣病 1965 年 新泻县阿贺野川流域	神经障碍、手脚震颤、言语障碍、重听	化学工厂排出的废水中含有大量汞，流入海内，并通过海洋生物体表的渗透进入人体内。

长年以来，四大公害病的受害者承受了巨大的痛苦，日本各地也因此掀起了声势浩大的反公害运动。1965 年，日本新泻发生了严重的水俣病，受害者从 1967 年开始，提起了一系列集体巨额索赔诉讼，这场旷日持久的官司直到 2011 年的第 4 次诉讼才达成和解。

同时，日本反公害运动还推动了日本司法和立法的改革。日本政府于 1968 年和 1970 年分别制定和颁布《大气污染防止法》和《水质污浊防止法》，并于 1971 年新设日本环境厅。1997 年，日本的二氧化硫浓度和水质污浊度均达到了环境标准的 99.5%。

2. 如今的环境问题

日本受到石油危机的影响,经济发展滞缓。都市生活型公害问题日渐凸显。都市生活型公害问题主要是指机动车的尾气造成的大气污染以及合成洗剂引发的河川污染。日本泡沫经济期时大量生产、消费、废弃所导致的污染问题持续至今。

1970年以后的的主要环境问题

环境问题、健康危害、环境破坏	主要原因
光化学烟雾 会引起人眼或呼吸系统疾病。如嗓子疼痛、咳嗽、眩晕等。严重时会导致呼吸困难和意识不清。	臭氧和醛等气体成分与硫酸盐等固体成分在紫外线的作用下发生化学反应,大大降低能见度。光化学烟雾现象多发生在夏季,或日照强烈、无风的天气。
非法丢弃 会导致土壤污染、水质污染以及地表沉陷等问题。	工厂及企业的产业废弃物没有通过无毒化处理就被随意废弃、生活垃圾没有经过焚烧就被丢弃到山中。
环境激素 环境激素指会造成生物体激素分泌失调的化学物质。常会影响野生动物的正常生殖、人类的生育、还会加大人类过敏和患癌的几率。	食品添加剂、杀虫剂以及产业废弃物中包含的各种化学物质。

3. 如今环境问题的治理政策

为解决公害问题而制定的对策并不能解决如今的各种环境问题,日本在《环境基本法》(1993年)的基础上,修订了《大气污染防止法》《水质污浊防止法》等多个法律条令。学校和家庭也针对垃圾分类和能源节约等问题积极进行教育和宣传。这些措施旨在形成和发展一个将环境负担降到最小的可持续发展型社会。这些治理不仅仅有益于日本,更是关系到整个人类的生态系统平衡。

环境保护的重要性纳入了学校教育,媒体也大力宣传,日本人要将自己生活的地方改造得安全宜居的意识逐渐增强。

4. 环境和能源问题

环境和能源是当今人类面临的两大问题,二者关系密切。石油和天然气等化石燃料并不是取之不尽用之不竭的。因此,人们开始想方设法开发核能作为能源来代替化石燃料。然而,福岛核泄漏事件却引发了一系列核废弃物的处理问题,所需承担的风险极大。

如今,日本正在积极开发环境友好型能源并且呼吁资源再利用。政府、自治体以及企业等开始利用太阳光和风力等自然能源,并发挥创造力实现垃圾的回收利用。所谓"循环型社会"即是降低以上天然资源的不断消耗。另外,家庭及个人也尽量减少垃圾,选择和使用节能家电及私家车。节能环保运动逐渐渗透到普通人的生活当中。

Topic 1 日本人的环保意识

日本的垃圾分类是一个相当繁琐而又细致的工作。那么，日本人为何要如此细化垃圾的分类呢？本节介绍日本人的环境保护意识和环境教育。

1. "MOTTAINAI"与"4R"

"MOTTAINAI"即日语中的「もったいない」，指为浪费物品而感到可惜。在日本物资匮乏的时代，日本人总是反复使用物品，并习惯说上一句「もったいない」。可以说，日本人的回收利用思想与如今全球倡导的"4R"理念是吻合的。

获得诺贝尔和平奖的首位环保领域人士——肯尼亚的女性环保主义者旺加里·马塔伊到访日本时，看到「もったいない」这个日语词汇后，就决心将它作为世界通用语推广到世界。她表示，这个词汇与4R理念完全吻合，并且包含了善待万物、感恩精神等众多含义。

"4R"的内涵

Refuse（拒绝使用）	Reduce（减少使用）	Reuse（重复使用）	Recycle（循环使用）
拒绝购买或使用无用的物品。 例：购物时携带环保袋，拒绝使用塑料袋。	减少垃圾。 例：购买沐浴液和化妆品的替换装。	重复使用。 例：修理损坏的物品，重复使用、使用水壶来代替塑料瓶。	循环利用资源。 例：垃圾分类、循环利用塑料及纸张等再生资源。

2. 垃圾分类

令国外游客首先感到惊讶的一定是日本垃圾箱的细致分类。日本为了有效地回收资源，设置专门回收空瓶空罐、塑料瓶、报纸杂志等不同种类的垃圾箱，并排成长长一排。初次到访日本的人面对如此复杂的分类可能会感到十分困惑，但是仔细观察垃圾箱投弃口的形状和标识图案即可大体判断垃圾箱的种类。

每个家庭必须要遵守所住地区的规定，将垃圾丢弃到指定的收集地点。每日可丢弃的垃圾种类不同，首先需要将垃圾装入指定的垃圾袋，再按照指定的时间丢弃到垃圾收集地点。每个地区都会向当地居民免费发放垃圾回收小册子，里面会详细地解释如何将不同的垃圾分门别类。另外，日本区政府和市政厅的官方主页上也详细说明了垃圾回收规定。

（上图）指定垃圾袋（收费）来源于京都市官网
（左图）说明垃圾分类方法的手册

3. 节能补助制度

日本政府为呼吁环保理念实行了"Eco-Point"和"Eco Action Point"等节能补助制度。

所谓"节能补助制度"，是指消费者购买节能环保的产品后，即可获得一定的"环保点数"，这些点数可以兑换商品券或是其他环保产品。为了防止全球变暖，同时普及地面数字电视接收机，促进经济发展，日本的环境省、经济产业省和总务省宣布，在2009年至2011年的三年时间内，积极推动节能补助制度的实施。

"Eco Action Point"是针对人们自带购物袋、利用公共交通、节约用电等保护环境的行为给予的点数。根据积累的点数，可以兑换相应的商品和服务。日本环境省于2008年实施此项制度，持续至今。

4. 环境教育

日本环境省公布了关于小学环境教育的指导方针。其目标是培养面向可持续发展社会的人才。其内容分为4个大的方面，学校将这些内容纳入各类科目中进行教育。

在日本，小学和中学的学生需要自己打扫教室，进行垃圾分类回收。另外，学校还会开展许多课外活动，比如在社会参观与实践中参观水管局和垃圾处理场等地，学习资源的重要性，提高环境保护意识。日本的环境教育并非只是教科书上的知识点，也很重视在日常学校生活中的实践。

环境教育的目的：培养可持续性社会人才

领域	内容
共生社会	国际理解、社会参与、健康
自然和谐型社会	热爱生命和自然、生态系、生物多样性、水、土、大气
资源循环型社会	3R、公害、化学物质
低碳社会	全球变暖引起的变化及影响、资源、能源、产业、日常消费、衣食住

资料来源：环境省综合环境政策局环境教育推进室

Topic 2　森林保护与环境保护活动

森林破坏与地球变暖是全球性环境问题，日本对此也采取了相应的环境保护措施。本节对日本具体的解决方法进行介绍。

1. 日本森林的主要变化

日本原本拥有大量枹树、山毛榉原生林。然而，1940年至1960年期间，日本为复兴经济而开始大量砍伐木材。原生林遭到严重破坏后，日本开始人工种植生长速度快、经济价值高的杉树和扁柏。如今，日本约有40%的森林都是杉树或扁柏的人工林。

人工林需要后期的维护与修整，缺乏维护的人工林易引发泥石流。因此，日本的林业相关部门、志愿者团体正在加强人工林的保养与维护。

2. 木材依靠外国进口

日本的森林面积约占日本国土的三分之二，森林资源丰富。战后种植的植被逐渐生长成熟，木材也达到了可供使用的标准。然而，由于山村人口的稀少和老龄化，没有专人负责森林的管理，加之外国进口的木材价格低廉，导致如今日本的木材自给率极低。日本农林水产省2012年的调查显示，日本现在使用的木材中仅有26.6%为国产，其余的木材均为外国进口。

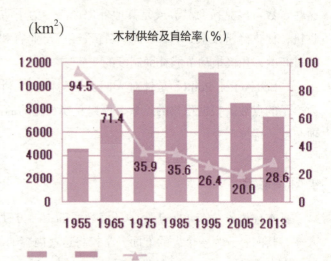

资料来源：农林水产省林业厅《木材需给表》

2009年，日本农林水产省发布了"森林、林业再生计划"，并提出了具体的目标——"10年后，即2020年日本国内的木材自给率提高至50%"。日本政府呼吁各地区积极配合，提高国产木材的利用率。

杉树"泛滥"带来的花粉症

日本每年的2月至4月，天气逐渐转暖。这段时期也是日本的花粉过敏症高发期。战后的日本为了恢复经济，全国上下开始大规模种植经济价值较高的杉树。杉树进入授粉期时，花粉飘散入空气，许多日本人开始饱受花粉过敏之苦。对此，日本采取了各种应对措施，尽力将花粉症带来的负面影响降到最低。例如，天气预报中增加"花粉扩散信息（花粉飞散情报）"、及时对花粉浓度进行预测和报道、开展志愿者植树活动，大量种植麻栎等树木等。

3. 生态保护

地形呈南北走向的日本虽然国土面积不大，但却栖息了多种动植物。仅如今可知的动植物即达 9 万种以上，因此日本也被称为"生物的宝库"。

近年来，日本森林屡遭破坏，加之喷洒农药的缘故，昆虫和动植物的数量急剧减少，甚至有些物种已经濒临灭绝。另外，外国引进的宠物、家畜以及附着在进口商品上的外国生物进入日本国内后，大量繁殖生长，对日本原本稳定的生态系统造成了严重威胁。

日本法律规定，原则上禁止进口或饲养特定外来生物物种。日本自治体和志愿者团体也正在大力驱除破坏农作物和生态系统的特定外来生物。如，日本琵琶湖的黑鲈和京都府龟冈市的浣熊，便在被驱除之列。

地方自治体开展的环境保护活动

日本各地的地方自治体为建设和维护一个整洁自然的居住环境，开展了各种环境保护活动。接下来为大家介绍几项代表性活动。

① **清洁大作战**

清洁大作战是一项由个人、学校、企业等自愿参加的清除垃圾的活动。这项活动目的不仅在于清洁街道、维护河川和大海、提高水质，更是为了加深参与者对于自己家乡地区的热爱。一些自治体还公开向市民征集美化城市的宣传标语。

② **放生鲑鱼苗**

鲑鱼是一种洄游性鱼类。在淡水环境下出生，入海生长，繁殖时再次回到淡水环境。日本各地都在开展鲑鱼苗放生活动。这项活动旨在保护自然资源，培养儿童的环境保护意识以及对于动植物的爱心，教育儿童"为了让鲑鱼苗长大后可以健康地回归家园。应该时刻爱护身边清澈透明的河川"。同时，日本为保护自然资源，禁止非法捕捞河川内的鲑鱼。

③ **森林志愿者活动**

参加者通过修整森林、与当地村民交流接触，可以加深对森林、林业和村庄的了解。近年来，越来越多的志愿者加入到这项活动当中，活动内容主要包括植树、除杂草、间伐以及通过区域森林调查和野外观察活动进行森林环境教育等。

Topic 3 日本的环保技术

日本虽然天然资源匮乏，但是日本专注于科学研发，依靠技术不断地提高本国产品的性能和品质，从而推动经济发展。本节主要介绍几项日本尖端的环保技术。

1. 混合动力汽车

在提倡环保节能的新时代，混合动力汽车日益走俏。采用复合动力的汽车油耗低、污染少。实际上，早在1896年，德国汽车教父费迪南德·波尔舍就发明了以电动机和发动机作为动力源的汽车。日本的丰田汽车公司经过长年的研究开发，于1997年推出了世界上第一款批量生产的混合动力轿车——普锐斯（PRIUS）。之后，本田、日产等汽车公司相继开始推出和销售混合动力汽车。根据2012年日本MARKLINES株式会社的调查结果可知，如今日本汽车公司的产品已占有全球混合动力汽车市场份额的90%以上。

2. 海水和泥水转化为饮用水

日本四面环海，但是淡水资源短缺，人均水资源占有量甚至不足世界平均的一半。因此，日本致力于反渗透膜技术的研发，用于在夏季水量不足或灾害发生时，将海水淡化从而制取饮用水。2008年经济产业省水资源政策研究会的调查结果显示，日东电气、旭化成等日本制造商的产品占到世界反渗透膜市场的70%。

另外，日本月岛机械株式会社也是一家水处理业界的领航者。专门从事开发和制造下水污泥处理设备，颇有知名度。目前，月岛机械株式会社积极拓展中国等国家的海外市场，提高产品市场占有额。日本BASIC株式会社开发了一款自行车搭载型紧急净水装置—Cycloclean，操作者只需将装置中的软管放入河川或池塘等地污水中，然后轻踏自行车，1分钟即可轻松将污水转化成5升的饮用水。这项技术发明在东日本大地震中帮助了许多受困民众，发挥了巨大作用。

Cycloclean 图片源自日本BASIC官网

3. 垃圾处理与循环利用

如果可以有效回收和处理每日产生的垃圾，那么就可以保护和美化我们周围的环境，减少浪费现象。为了实现这一目标，日本企业专注于各种技术研发，并且成功发明了废品的再利用系统。例如，回收塑料瓶加工成纤维、在下水污泥厌氧消化后提取甲烷，并直接用于城市天然气、将碳化物质作为燃料用于火力发电等等。

电动垃圾收集车——E packer，动力依靠其行驶过程中自身产生的电力，可以降低轻油消耗量和二氧化碳排放量。实验结果表明，电动垃圾收集车可以有效降低 75% 的二氧化碳排放量。"E packer"在回收垃圾的同时，还避免了空气污染等问题的出现，可以说是一举两得。

4. 再生能源

石油、煤炭等化石燃料都属于不可再生能源，但是太阳能、风能、地热能等能源却是取之不竭用之不尽的。根据日本环境省 2011 年的调查，日本在再生能源领域申请的专利发明数量最多，约占世界总体的 55%。

如今，日本的再生能源研发工作进行得如火如荼，然而实际应用水平仍旧较低。2010 年，再生能源用于发电的比例仅占总体的 2.5%。在 2012 年 9 月的能源环境会议中，日本提出清洁能源发展目标——在 2030 年，将再生能源的发电量提高至 3000 亿 kWh（即 2010 年发电量的 3 倍）。

5. 振动发电

如今的科学技术可以将平时生活中微小的声音或振动转化为能源。"发电地板"就是其中一项技术发明。"发电地板"可以将人体走动踩踏产生的压力振动用于发电，其实际的应用效果如何，还要依据东京站自动检票机附近进行的试验结果判断。如果发电效率较高，那么则有望在各个场所投入使用。例如，当灾害突发时，办公楼等场所会被迫停电，这款振动发电装置可以为办公楼内的人员提供光照，指引正确的避难路线。

E packer 垃圾收集车图片源自日本环境省官网

风力发电

目前正于东京站进行的发电地板试验

实现能源的"地产地消"

日语中的「地产地消」是指本地人消费本地生产的农作物和水产品，可以简单理解为自产自销。这种行为节省了加工和运输所耗费的能源，还保护和继承了当地的传统饮食文化。如今，日本正在针对本国所需要的能源进行一系列的研发工作，致力于摆脱石油进口所带来的困扰，实现国内能源的自产自销。

重要词汇

◆ **日本四大公害病**

日本四大公害病是指痛痛病（骨痛病）、水俣病、四日市哮喘和新泻水俣病。工厂排放的废水和废气是引发四大公害病的原因。患者长期痛苦不堪，多次将国家和污染企业告上法庭，并提出索赔诉讼。

◆ **循环型社会**

循环型社会的目标是减少废弃物，实现资源的再利用和循环。如此，可以有效控制天然资源的消费，并将环境负担降到最低。

◆ **4R**

4R 是英语"Refuse(拒绝使用)""Reduce（减少使用）""Reuse（重复使用）""Recycle（循环使用）"的头字母缩写。4R 理念提倡减少垃圾，建设环境友好型社会。

◆ **可持续发展型社会**

如果全球的环境持续遭人类破坏，大气和水等物质的循环和生态系统势必受到影响，人类社会也会因此面临巨大威胁。发展可持续发展型社会就是为了避免以上问题的出现，并让未来的子孙们享受到一个健康、和谐、资源丰富的社会。

◆ **森林、林业再生计划**

森林、林业再生计划旨在发挥地区主体作用，提高日本国内的木材自给率。2009 年日本农林水产省提出的"再生计划"目标是，将木材自给率在 10 年内提高至 50%。

◆ **再生能源**

再生能源是指如太阳能、风能、地热能等在自然环境中可以循环再生的能源。石油、煤炭等不可再生的能源被称为化石能源（化石燃料）。

◆ **地产地消**

日语中的「地产地消」是指本地人消费本地生产的农作物和水产品，可以简单理解为自产自销。地产地消的蓬勃发展有益于促进地区整体发展，增加消费者与生产者之间的交流，保证产品的品质，削减流通成本等。

练习题

基本问题

问题 1　日本的四大公害病是什么？

问题 2　近年来，日本的公害发生了怎样的变化？

问题 3　为建设环境友好型社会而提出的"4R"具体是指什么？

问题 4　日本的"Eco action point"的具体内容是什么？

问题 5　哪些能源属于可再生能源？

应用问题

问题 1　试了解日本垃圾分类的具体方式。

问题 2　试调查中国的环境保护措施和现有的能源问题。

问题 3　你认为你可以为保护地球环境做些什么？

专栏⑦ 日本的街道为何"一尘不染"?

日本的街道上基本上看不到垃圾,这让来日本的外国人感到很惊讶。对此,有人可能会认为:"日本人国民素质较高,不会乱扔垃圾","日本人很重视环境教育"。然而,还有一个更加重要的理由是,日本街道上很少设置垃圾箱。

在我们的印象里,如果没有垃圾箱,则会有更多人图省事,直接将垃圾扔在路上。可实际上,面对如此干净的街道,人们反而不忍心弄脏它。身处整洁的环境当中,日本人和国外的游客都会自觉维护周围环境,将果汁的空罐子带到有垃圾箱的地方再进行处理。

可是,为什么日本的街道上很少设置垃圾箱呢?首先,这是一项反恐措施,为了防止不法分子安放炸弹和有毒物品。其次,如果垃圾箱太多,收集和清扫垃圾也会花费大量的时间、人力和财力。另外,还有一个很重要的理由是,猫、乌鸦等动物乱翻垃圾箱内的垃圾,很容易破坏景区的美观。

堆积的垃圾既会影响景观,还会发出难闻的味道,徒增环境负担。因此,日本索性不设置垃圾箱。这样一来,大家就会随时注意自身行为尽量不制造垃圾,同时还提高了自身的环保意识。

但是,每天的日常生活势必会产生垃圾。如果所有人都能自觉将垃圾带回家再分类丢弃,那么自然会形成一个整洁优美的环境。实际上,日本也有不少人习惯随手乱扔垃圾纸屑。对此,日本相关部门正在积极商讨对策,力图消除乱扔纸屑等破坏环境的不良行为。

京都的寺院内无一个垃圾箱

第八章 日本的防灾对策

当地震来袭时，自动售货机免费提供服务？

日本享受着大自然的恩赐，同时也频发自然灾害。自古以来，日本人曾无数次遭受地震、台风等灾害的袭击。如今，随着科学技术发展，日本不再一味地畏惧自然，而是针对自然灾害问题开展相关研究，积极探讨防灾对策。例如，有些企业表示，在地震来袭时，该企业的自动售货机将免费提供食品及饮料。本章将对现代日本的自然灾害及防灾对策进行介绍。

> **关键词**
>
> 震级　地震烈度　东日本大地震　生命线工程　有家难回的人
> 防灾产品　避难训练　自然灾害志愿者　灾害应急型自动售货机

基本信息 ◆ 日本的防灾对策

1. 地震大国——日本

日本是一个自然灾害频发的国家,地震、海啸、台风、冻害、火山喷发等随时可能发生。2011年3月,日本发生了东日本大地震,并引发了海啸,致使关东地区遭受了前所未有的破坏。2014年8月,广岛县的强降雨引发的泥石流,以及同年9月,御岳山火山的突然喷发,已导致多人遇难。

自然灾害中,最需要注意的是地震。日本列岛处于亚欧板块和太平洋板块交界地带,地壳活动频繁,因此地震灾害频发。地震次数最多的福冈县在2013年内,共发生强度为1的地震575次,强度为3的地震67次,强度为5以上的地震1次。

在日本这片土地上,已经发生了多次震级为7级(M7)以上的大地震,破坏力之强不可小视。另外,日本不少专家预测,日本南海海沟会发生9级以上的大地震。

日本发生过的大地震及对将来的预测

地震名称·日期	灾害规模	相关事项
关东大地震 1923年9月1日	M7.9 遇难·失踪人数105385名 受伤人数10万名以上	1924年首次规定抗震标准。1960年国家规定每年9月1日为防灾日。
阪神大地震 1995年1月17日	M7.3 遇难人数6434名 失踪人数3名 受伤人数43792名	国家和地方政府应对工作不及时,学生自发组织的志愿者团体积极开展救助工作。国家规定每年1月17日为"防灾与志愿者日"。
东日本大地震 2011年3月11日	M9.0 遇难人数:15883名 失踪人数2643名 受伤人数6150名	日本观测史上最高震级地震。 巨大的海啸吞噬了整个城市,并引发了福岛第一核电站泄漏事故。
南海海沟地震(预测) 30年内发生的概率在60%—70%	M9.0 地震及海啸将波及茨城县至鹿儿岛的广泛沿岸地区	专家预测东海、东南海、南海将连发地震。

2. 由"防灾"转变为"减灾"

地震、台风等自然灾害是无法避免和预防的。因此,日本开始关注减灾的重要性,争取将自然灾害导致的破坏和损失降到最低。

过去开展防灾工作主要以行政部门为主体,工作重点是救助人员和生命线工程的修复。

与此不同，减灾工作的主体为居民，居民各自做好防灾准备，在灾害发生时通过"自救、互助"来保护自己、救助他人，或实现初期灭火等。

当然，以政府、自治体、警察、消防人员为主体的公共救助也需要不断充实。不过，"自救和互助"的理念有效提高了人员救助和减灾的效果。

<阪神·淡路大地震时的活埋和受困事件的救助情况>

3. 灾害发生时的问题和对策

（1）生命线中断

生命线是指关系到人生存的电、水、煤气等的供给功能。发生大规模灾害后，全面修复生命线工程需耗时三个月。由于救援物资输送到受灾地区的避难场所仍需要花费几天的时间，因此日本政府呼吁每个家庭至少储存够维持生存三天的饮料及食物。

资料来源：总务省消防厅　2011年

生命线中断情况及修复所需时间

地震	给水系统	电力	煤气	通信
阪神大地震	约127万户 90天	约260万户 6天	约84.5万户 85天	约19.3万条线路 14天
东日本大地震	约220万户 45天	约891万户 99天	约46万户 32天	约190万条线路 56天

资料来源：兵库县政府　2006年；总务省综合通信基盘局　2011年

（2）交通瘫痪导致"有家难回"

东日本大地震导致交通瘫痪，首都圈约有10万人被迫滞留在外不能回家。日本中央防灾会议指出，民众的盲目移动会导致道路混乱拥堵，从而会影响到救援工作。因此建议民众不要着急回家，并呼吁企业储备维持员工三天需要的食物供给。

（3）受灾外国人

刚到日本不久的留学生以及游客要在语言不通的情况下慌忙避难，其心里的恐慌程度可想而知。然而，由于在紧急情况下缺少翻译人员，外国人不能及时获取有效的信息。对此，日本现在正在进行一项新的尝试，即用简单易懂的日语解释相关术语，向外国人提供灾害信息。

如：
"断水、停电"：不能使用水和电
"余震"：地震之后又来的地震

资料来源：弘前大学人文学部社会言语学研究室HP

Topic 1　日本人的防灾意识

世界上没有万全的灾害对策。因此，尽可能有效降低灾害影响格外重要。本部分对日本人的防灾对策进行简单介绍。

1. 对地震的恐惧和为地震所做的准备

据2011年东日本大地震后的调查结果显示，80%的民众都表示"对地震感到恐惧"。

特别是遭受重灾的东北地区以及有预测称今后还会有大地震发生的东海地区民众，对于地震的来袭更加恐慌。

日本各地都随时会出现地震，因此自东日本大地震后，很多家庭都认识到防灾的必要性，并提前做好各种准备。但是，有调查结果也显示，随着时间的推移，人们的防灾意识也会逐渐淡薄。为了提高防灾意识，人们应该有意识地通过媒体关注防灾信息，同时多与家人、邻居以及朋友沟通相关情况。

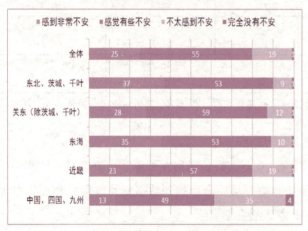

资料来源：《经济广报中心调查》 2013年

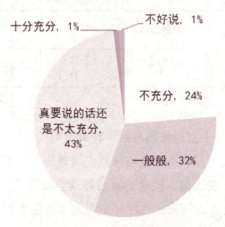

资料来源：《NHK舆论调查》 2011年

※ 上图中数值为小数点后四舍五入的数值

2. 必要的防灾准备

那么，日本家庭为应对灾害，提前做了哪些准备呢？首先，准备好收音机、手摇充电器、手电筒、药物等防灾用品。特别是药品方面，由于突发状况时，药品补给不是十分充足，因此长期患病的人应提前储备好平时自己所用的药物以防万一。除此之外，还需储备食物和水。在生命线工程抢修好之前，受灾民众只能依靠家庭储备。因此，最少要准备够家庭成员存活三天的物资。

东日本大地震发生在白天，由于信号中断很多人联系不到自己的家人。因此，家人及朋友间应该提前商量好统一的集合地点。另外，尽管将家具固定可以有效降低地震带来的危害，但是出于"租赁的住宅不能随意改动""不知道具体怎样固定"等原因，现在很多家庭还没有进行家具固定。

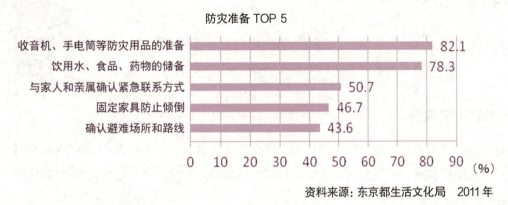

3. 随身携带防灾商品

由于无法准确预测灾害发生的时间，政府为保证民众外出时的安全，呼吁大家在公司放置一双轻便的鞋，并随身携带必要的防灾物品等。

＜建议携带以下物品＞

瓶装水、巧克力等食物，口罩、手帕、迷你电灯、哨子、健康保险证的复印件，写有姓名、住址、联络地址、血型等信息的卡片。

4．固定家具预防倾倒

在日本，像东日本大地震这样的大地震已经发生了好几次，并且基本每年都会发生几次地震。烈度超过3级就可以感受到摇晃，如果达到5级，家具就有可能倾倒。因此，有越来越多的人将家具和墙壁、天花板固定在一起来预防地震。最近，便宜的固定工具也可以在各种地方买到。另外，市场上还有防止餐具柜和衣柜门被震开的固定锁，或者感知到地震就自动把柜门上锁的防灾用具。

釜石奇迹

东日本大地震致使日本的沿岸地区遭遇了史上最强的海啸。岩手县釜石市几乎全体儿童及学生（约2920人）安全避难。地震发生的8年前，该地区的儿童和学生曾接受过群马大学的片田敏孝教授研究小组的防灾教育，并且一直进行避难训练。

海啸来袭时，儿童及学生按照片田教授所说的"勿轻信预测，竭尽全力，率先避难"3原则，自发采取了避难措施，并且带领幼儿园儿童、小学生和附近的老年人躲至较高的避难场所。仅仅几十秒后，原来的避难场所就被海啸吞噬了。学生们此举挽救了近3000人的生命。

Topic 2 防灾教育和志愿者

正所谓"有备无患",日本为应对灾害会进行各种各样的防灾教育。本部分对日本防灾教育和灾害发生时的志愿者活动进行简要介绍。

1. 日本的防灾教育

日本的防灾教育,不仅仅限于教科书,还是课外活动的重要组成部分。防灾教育的首要目的是教会大家在地震、台风等灾害来临时如何进行自救。为此,日本还开展了很多其他的相关教育。

例如,环境教育。环境教育旨在强调人们在感谢自然给予恩惠的同时要敬畏自然。另外,学习和加强国际合作和国际支援。这是由于各种灾害会给发展中国家带来更大的损失。还有,都道府县的教育委员会策划、组织的各种教育活动,如组织大家了解经常被指定为避难场所的学校的地理条件,加强与居民间的合作等。

防灾教育
◇ 参观防灾设施,进行学习体验。
◇ 学习灾害的形成机理等相关科学知识。
◇ 进行避难训练。
◇ 参加志愿者活动。

2. 什么是避难训练?

日本从幼儿园到高中,每年都会进行1—2次的避难训练。包括地震模拟训练、火灾模拟训练等,教会学生如何快速撤离,躲避到安全场所,以及灭火器的使用方法等。模拟多种场景的避难训练,如上课时、课间休息时、放学时、社团活动时等。这种避难训练是为了培养学生面对灾害来袭时的冷静判断力和高效行动力。

若上课时突发地震,首先应该躲到桌下,避开从上方掉落的物品。然后听从学校广播和老师的指挥,到指定地点安全避难。整个撤离过程应快速并有序,教师确认班级人数后进行报告。

3. 灾害模拟体验

日本各地均设有防灾教育中心、防灾馆等规模不等的公共设施,不少地区的防灾教育中心或防灾馆还设有灾难模拟设施,儿童、学生等通过学校的"社会课"参观活动来这里进行防灾学习和体验。除地震以外,他们还可以体验到强风、消防以及如何在火灾发生时的浓烟中进行避难等。通过感受灾害来临时的场景,提高自己的防灾意识、灾害发生时的处理能力和自救能力,从而使灾害带来的损失降到最低。

大阪市立阿倍野防灾教育中心的免费模拟体验

4. 灾害志愿者

日本发生阪神大地震时，日本全国约有 130 万名志愿者参加救灾活动。虽然灾害发生时，需要能够救治伤员、心理辅导、拆除损坏建筑的专业人士，但也有许多学生志愿者能够完成的工作，如分配救援物资、照顾儿童、保护动物、清理避难所等。

5. 志愿者、救援物资带来的"派生灾害"

原本出自善意的志愿者活动或物资捐送，如若不了解受灾地的情况和需求，就会使受灾地秩序混乱，甚至妨碍了救援工作。比如，来参加救援的学生志愿者在受灾现场受了伤，不得不使用本来就很紧缺的药品；救援食品在分发之前就已经腐坏等状况也时有发生。

因此，志愿者若想为灾区贡献一份力量，首先应该与受灾区或自己所属的自治体的志愿者中心取得联系，遵从指挥。

救援信息布

神户推进会议对阪神大地震的受灾经历进行总结后，提议志愿者可以在一块布上写好个人信息以及可以提供的帮助，并贴在衣服上。用颜色区分各自擅长的领域。如此，便可以轻松解决诸如"找不到会说英语的人""我是志愿者，我能做什么？"等问题。该方法已经在东日本大地震中得到有效利用。

  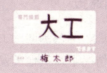 

Topic 3 政府及企业的应对

为了更好地预防以及应对自然灾害，日本政府和企业都采取了各种各样的措施。在东日本大地震中，这些措施拯救了许多人。本部分主要介绍日本特有的应对措施。

1. 政府与企业的应对措施

政府以及各地方自治体制定了灾害相关的法律条例，并且完善了救助队、消防队以及警备应对灾害发生的应急体制。另外，企业也积极配合，开发信息系统，修复生命线工程，或通过网络等媒体向民众传递灾害信息，提供建议。东日本大地震时，许多媒体都开设了专门的地震信息网页和消息发布网页。另外，企业通过捐款和提供产品等方式参与救灾，70%以上的企业都参加了支援活动。

<政府及自治体采取的措施>
- 设置防灾教育中心
- 开发紧急地震速报系统
- 指定紧急避难场所
- 检查并及时补充救援物资
- 设置灾害应对总指挥部

<企业采取的措施>
- 食品制造商
  开发保质期较长、适合储存的食品
- 饮料制造商及自动售货机制造商
  灾害发生时自动售货机无偿提供饮料
- 服装制造商
  灾害发生时无偿提供衣物

2. 地震速报及紧急地震速报

一旦日本国内发生地震，电视画面的上方即会显示"地震速报"。近年来，地震速报显示得越来越及时。最快的情况下，从地震发生到信息的播出仅需一分钟左右。速报的内容通常是震源地、地震规模、各地的地震烈度以及引发海啸的可能性等。

人们可以通过电视、收音机或手机接收日本气象厅发出的"紧急地震速报"。通过这一速报，人们能够获知震动到达各地的时间和地震烈度的预测信息。紧急地震速报可使人们尽可能减少地震所造成的损失。如人们在家中或公司提前做好灭火及避难准备，工厂停止生产，交通工具减速或停运等。

3. 抗震强度极高的日本建筑

由于日本地震多发，因此建筑物必须要满足日本《建筑基准法》所规定的抗震标准。所谓抗震标准，就是保证建筑物能够抵抗地震的最低限度。对于核电站等重要建筑以及桥梁、道路等土木建筑物，政府单独设立了抗震标准。

阪神大地震发生后，日本政府进一步提高了建筑物的抗震标准。1996年实行的《抗震修缮促进法》，规定必要时修缮以旧抗震标准建造的多人使用的建筑物（特定建筑物），以提高其抗震强度。2013年，日本要求地方政府对上述建筑物进行"抗震检测"，并公开检测结果。

可以说，日本的建筑物抗震强度很高，完全能够抵抗震级较小的地震。所以，东日本大地震中，因建筑物倒塌致死的人数很少。

4. 开设平安留言服务

地震发生时，因通讯呼叫量在短时间内剧增，极易造成通信障碍。为此，日本开设了用于震区联络的"灾害留言电话"。民众拨打171，即可保存最长30秒的语音信息。家人及朋友不论在哪里，拨打171便可以收听到录音。

为了让民众熟悉留言服务的使用方法，日本规定在每月的1日和15日以及"防灾周""防灾志愿者周"中，人们可以体验和利用该项服务。

> **灾害留言电话 171**
> ◆ 录音
>   171＋1＋自己的电话号码
> ◆ 播放录音
>   171＋2＋自己的电话号码

5. 灾害应对型自动售货机

灾害应对型售货机可以在自来水和运输等生活基础线路被切断时，为民众免费提供饮用水。平时正常收取费用，一旦发生灾害，只需按动按钮即可免费得到饮用水。

饮用水的更换补充可以由当地管理者进行，也可以直接通过网络进行远程操作。这种自动售货机主要设置在灾难易发、人口稠密的地区。为保证灾害发生时能够提供充足的饮用水，制造商打算安装更多的灾害应对型自动售货机。

名人奔赴灾区

史上最严重的自然灾害——东日本大地震发生时，为了让笑容早日回到灾民们的脸上，演员、歌手、谐星、运动员、漫画家等许多名人纷纷奔赴灾区，为人们演唱、表演相声、魔术、模仿秀等，逗人们开心。名人们还带去了自己做的关东煮和猪肉酱汤。特别是软件银行集团的总裁孙正义先生，赶往灾区鼓励灾民，还表示要以个人名义捐赠100亿日元，并将自己卸任为止所有的薪酬都捐赠给在地震中失去双亲的孤儿。

重要词汇

◆ **震级与地震烈度**

地震震级用于表示震源的地震规模，符号为 M。中国用"级"表示。地震烈度用于表示某地区因地震引起地面震动的强度。地震烈度的影响因素有与震中的距离、震源的规模及深度等。

◆ **地震烈度**

地震烈度用于表示地面震动的强度。日本的气象厅烈度等级为 0 至 7 级，以 7 级为最强。一般来说，烈度 3 时很多人都会感到晃动，烈度 5 时家具可能倾倒。

◆ **东日本大地震**

2011 年 3 月发生的东日本大地震为日本观测史上最强的一次地震。地震引发的巨大海啸吞噬了整个东日本沿岸地区，很多人因此遇难。另外，海啸还引发了福岛第一核电站发生爆炸和核泄漏事故。

◆ **海啸**

海啸的原因多为海底地震。海啸的大小与地震规模不一定成正比，由于海中的各种条件相互作用，即使规模很小的地震也有可能引发巨大的海啸，因此应该随时注意防范。

◆ **"有家难回的人"**

严重的灾害导致交通瘫痪，许多外出民众为此有家难回，所以被称为"有家难回的人"。东日本大地震中约有 10 万名"有家难回的人"，他们不得不整晚待在公司、车站，或是徒步回家。

◆ **防灾用品**

防灾用品包括储备的食物、饮用水、收音机、手电筒，以及防止家具家电剧烈摇晃或翻倒的用具。为了保证紧急状况下的及时供给，应该定期查看食品以及医药品的保质期并放在易于拿取的地方。

◆ **避难训练**

日本从幼儿园到高中，每年都会进行 1 至 2 次的避难训练。包括地震模拟训练、火灾模拟训练等等。避难训练旨在教会学生如何快速撤离以及如何使用灭火器等。

练习题

基本问题

问题1　日本经常发生哪些自然灾害？

问题2　请说明震级和地震烈度的区别。

问题3　日本的家庭如何进行防灾准备？

问题4　如果想要加入灾害志愿者团队，首先应该做什么？

问题5　企业采取了哪些措施来应对灾害的发生？请举例说明。

应用问题

问题1　请环顾周边，当发生地震时，哪些物品是比较危险的？

问题2　试比较四川大地震和东日本大地震的异同。

问题3　请查阅中国的防灾情况中自己感兴趣的资料。

专栏⑧　奇迹一棵松

东日本大地震中，遭受巨大海啸袭击的岩手县陆前高田市有一棵松树，被称作"奇迹一棵松"。

地震前，那里的"高田松原"曾经是江户时代就开始培育的防潮林，拥有7万棵高大挺拔的松树。这片防潮林为高田松原抵挡了很多次海啸的袭击。

2011年，东日本大地震引发的巨大海啸袭击了东日本沿岸，陆前高田市是受灾最严重的地区。7万棵松树被超过十米的海啸一扫而平，唯独剩下一棵没有倒的松树。

人们将这棵松树称作"希望之树""奇迹一棵松"。这棵松树成为陆前高田市复兴的象征，给予受灾者生活的勇气。但是，由于海水的倒灌严重伤害了这棵松树的根部，陆前高田市最终决定投入1亿5千万日元用于松树内部的防腐处理，并在枯萎的松树内部穿入一根金属轴使其保持站立的姿势。

复原完成之后，奇迹一棵松仍旧作为城市复兴的象征，坚定地屹立在曾遭海啸袭击的地方。现在，很多人都为了一睹奇迹一棵松而从各地慕名赶来。

现在有些人呼吁保留因灾害而摧毁的建筑物，用来教育后人，警醒世人要加强防灾意识。但是也有人认为此举不利于恢复灾后心理创伤而提出了反对意见。因此，岩手县政府目前仍在慎重地讨论是否应该保留灾后建筑的问题。

第九章　日本的城市

东京真的是世界最大的城市？

　　一提到日本的城市，中国人大概首先会想到东京、大阪、京都等。在了解现代日本时，了解日本的城市是十分有意义的。本章主要介绍日本城市的特征、形成历史及现状。此外，还会涉及中日两国城市面临的问题。

> **关键词**
>
> 城市　政令指定城市　城市化　平成大合并　三大都市圈
> 地方公共团体　郊区化　地方圈　过疏化·无人化

基本信息 ◆ 日本的城市

1. 城市的定义

日常生活中,我们总会有意无意提到"城市"这个词。但是,城市的定义到底是什么呢?特别是在城市和农村间差别不明显的日本,城市并没有一个明确的标准。

日本的城市,通常是指那些人口相对集中的地区,这些地区经济比较发达、有就业机会,人们可以在这里获得便利的生活和文化的享受。说起日本的大城市,首先要提到的就是日本的首都——东京。东京及其周边地区被称作"首都圈",而除东京和首都圈以外的其他城市则被称作"地方城市"。

2. 日本的城市

日本的城市主要是围绕着首都圈和近畿圈发展起来的。首都圈的中心城市为东京。近畿圈的中心城市是大阪。除此之外,在日本人口超过100万人的城市有11个,包括札幌、仙台、名古屋、福冈、广岛等。第二次世界大战后,随着日本经济的高速增长,这些城市在产业、行政、交通、文化、医疗等许多方面发展迅速。

此外,在达到日本地方自治法规定的人口规模的市级城市中,也有一些日本政府特殊指定的城市。

政令指定城市:20市
人口:50万人以上
札幌、横滨、名古屋、大阪等

核心市:41市
人口:30万人以上
函馆、前桥、长野、丰田等

特例市:40市
人口:20万人以上
所泽、上越、沼津、松江等

日本主要城市及其人口(2014年)

顺	城市名	都道府县	人口
1	特别区部*	东京都	8,949,447 人
2	横滨市	神奈川县	3,689,603 人
3	大阪市	大阪府	2,666,371 人
4	名古屋市	爱知县	2,263,907 人
5	札幌市	北海道	1,914,434 人
6	神户市	兵库县	1,544,873 人
7	京都市	京都府	1,474,473 人
8	福冈市	福冈县	1,463,826 人
9	川崎市	神奈川县	1,425,678 人
10	埼玉市	埼玉县	1,222,910 人
11	广岛市	广岛县	1,174,209 人
12	仙台市	宫城县	1,045,903 人

※ 特别区部是指东京23区　　资料来源:国情调查

3. 政令指定城市

政令指定城市是指由政府指定的人口达 50 万人以上的大城市。现在日本共有 20 个政令指定城市。政令指定城市是根据地方自治法制定的日本城市制度之一，旨在推进日本的地方分权。当然，日本也有人口规模超过 50 万，却不是政令指定城市的城市。

普通城市被指定为政令指定城市后，将会实行特殊的行政区制度，根据行政区的划分设立区政府提供市民服务。其次，能够接受县一级的行政事务转让分配，从而能够以市为行政主体实施保健福利、教育、城市规划、土木工程等事务。此外，在财政方面，为应对新的财政需求，实行各种财源下放，使市级的财政管理成为可能。

日本的政令指定城市

札幌市（北海道）	仙台市（宫城县）
川崎市（神奈川县）	横滨市（神奈川县）
静冈市（静冈县）	滨松市（静冈县）
大阪市（大阪府）	堺市（大阪府）
广岛市（广岛县）	北九州市（福冈县）
埼玉市（埼玉县）	千叶市（千叶县）
相模原市（神奈川县）	新潟市（新潟县）
名古屋市（爱知县）	京都市（京都府）
神户市（兵库县）	冈山市（冈山县）
福冈市（福冈县）	熊本市（熊本县）

4. 日本的城市化

现在，日本正处于城市化发展进程中。城市化率，是指城镇人口占总人口的比重。1920 年，日本进行了第一次国情调查，调查结果显示当时日本的城市化率仅为 18%。但是到 20 年后的 1940 年，这一比例提高到了 38%。

二战期间及战后几年日本城市化率稍有下降，不过在 1955 年日本城市化率超过 50%，在日本经济高度增长末期的 1970 年，城市化率达到了 72%，达到同期美国及英国水平。城市化率迅速提高主要原因是东京、大阪、名古屋三大都市圈的人口集中。特别是从人口规模来看，以东京为中心的首都圈可以称得上是世界最大城市。

世界城市排行榜（2010 年人口总数）

序号	人口聚集城市	国家
1	东京·横滨	日本
2	德里	印度
3	圣保罗	巴西
4	孟买	印度
5	墨西哥城	墨西哥
6	纽约	美国
7	上海	中国
8	加尔各答	印度
9	达卡	孟加拉国
10	卡拉奇	巴基斯坦
13	北京	中国
16	大阪·神户	日本
22	首尔	韩国
23	重庆	中国

资料来源：《世界城市推算》

5. 平成大合并

平成大合并是指从 1999 年到 2010 年（平成 11 年—平成 22 年）间实施的市町村合并。平成大合并旨在通过扩大自治体管辖范围达到强化行政及财政基础、推进地方分权的目的。通过合并，从 1999 年到 2010 年 3 月，日本市町村数量由 3232 个减少到 1727 个。

这一政策的实施，使 1970 年以后略显平稳的日本城市化率在 2005 年上升至 86%。但是，伴随着市町村合并及新市的创立，一些实际上不能被称作城市的"城市区域"也随之出现。

Topic 1 现代城市的诞生

20世纪初期，日本的国土多为耕地与山林，人们大多居住在村落社会中。这些村落是如何发展成现在的城市的呢？接下来让我们一起思考现代城市是如何诞生的。

◆ 日本现代城市形成的历史

（1）明治、大正期（1868—1926年）

明治、大正年间，伴随着现代化和工业化的进展，日本各地诞生了许多工业城市、矿产城市、以及海港城市。这些"城市群落"开始发展成新的城市并发展壮大。城市作为人们的生活空间，也与现代化的制度和组织存在密切关联，所以形成了金字塔型的阶级关系。

另一方面，根据出生背景来决定职业与地位的身份制度解体，人们从对土地的隶属关系中解放出来，这使人口流动成为可能。而发达的通讯与媒体、便利低价的交通，也进一步促进了人口流动。

例如，1891年东京（上野）至青森段铁路首次开通，使两地间车程缩短至26小时25分。而1913年，这一时间已缩短至大约17小时。到了1934年，则缩短至12小时左右。

（2）昭和初期（1927—1945年）

进入昭和后的20世纪30年代，大约六成日本城市居民是由其他地区移居过来的。所谓的城市其实是主要由外地人构成的社会。

同时，朝鲜半岛也有许多人口向日本流动，大阪、东京等大城市与工业城市、煤矿带地区也形成了很多朝鲜人群体。这样的城市里，外国人歧视与民族歧视更加严重，这些问题持续存在至战后。

主要城市外地出生人口比例图（1930年）

地区	本市生	同都道府县其他城镇生	非本都道府县生	其他
全国	62.08%	20.73%	16.26%	0.93%
东京	41.24%	4.57%	52.97%	1.22%
横滨	45.52%	9.26%	43.24%	1.99%
名古屋	49.78%	20.27%	27.99%	1.97%
京都	48.96%	9.50%	39.27%	2.27%
大阪	40.82%	4.76%	51.00%	3.42%
神户	38.09%	18.33%	40.61%	2.97%
川崎	34.69%	8.99%	54.68%	1.64%

资料来源：松本通晴《都市移住と結節》

（3）第二次世界大战后（1945—1985年）

第二次世界大战后，20世纪50年代至70年代期间，日本迎来了经济高速增长期。在这个时期，外地出生的年轻人由于集体就业与学习等原因相继向东京等大城市集中。在大城市大学上学的年轻人毕业后就继续留在大城市工作。20世纪50年代至70年代，东京都人口从628万人增长到了1141万人。而且，这个时期从日本东北等农耕地区到东京等大城市的打工人口也有所增多。日本50年前出现的这些现象，在目前的中国也存在。

东京都人口变化图（每年10月1日）

资料来源：《国势调查》

（4）泡沫经济与泡沫破灭（1986年至今）

日本在1986年左右股票和土地等资产价格飞涨，进入了"泡沫经济"的时期。泡沫经济期间通货膨胀持续加剧，受地价飞涨的影响城市郊区化现象更加严重。

然而，1991年左右日本资产价格暴跌，社会需求急速减少，日本陷入通货紧缩。这就是"泡沫破灭"时期。泡沫破灭引起的不良债务和股市低迷等问题，导致日本经济长期萧条。

泡沫破灭后，日本城市的地价大幅下跌，原本居住在郊区的人开始寻求城市中心的住房。同时，由于经济萧条，原本用于城市开发的高额公用资金无法使用等问题也相继产生。

1950年以后，对城市抱着憧憬与希望的年轻人，背井离乡，到城市漂泊闯荡。故乡成了他们一种精神的依托。在当时，出现了许多描述这些年轻人经历和心路历程的影视作品和流行歌曲等。

到东京去喽（节选）

1980年发售
作词・作曲・演唱／吉几三

没有电视	听不到广播	连汽车也就那么几辆
没有钢琴	没有酒吧	警察每天瞎转悠
早晨起来	牵牛出门	两小时的放牛路
没有电话	没有煤气	公交车一天来一次
我们对这个村子烦透了		我们在这个村子待够了
到东京去喽	到了东京	等咱有钱了　好好养它几头牛

Topic 2　日本的主要城市

二战后，日本形成了很多的大都市圈。东京、横滨、京都、大阪等城市都是日本的三大都市圈的中心城市。下面介绍以三大都市圈为中心的日本主要城市的情况。

1. 日本的三大都市圈

都市圈一般是指中心城市以及受其影响的周边地区共同构成的区域。都市圈内的城市之间有着广泛地社会层面、经济层面的联系。

都市圈的界限较模糊，范围也没有明确的定义。在日本，三大都市圈分别被称作"首都圈""近畿圈"和"中京圈"。

三大都市圈在各自的都市圈范围内作为日本经济、社会、文化的中心，对日本经济社会的发展作出巨大的贡献。

三大都市圈的划分

首都圈	近畿圈	中京圈（中部圈）
东京都、神奈川县、埼玉县、千叶县、群马县、栃木县、茨城县、山梨县	大阪府、京都府、兵库县、滋贺县、奈良县、和歌山县	爱知县、岐阜县、三重县（有时也将长野县、静冈县归入中部圈）
中心城市：东京地区	中心城市：大阪市	中心城市：名古屋市
<人口100万人以上城市>东京23区、川崎市、横滨市、琦玉市	<人口100万人以上城市>大阪市、京都市、神户市	<人口100万人以上城市>名古屋市

2. 日本地方公共团体

日本有47个都道府县，由此形成了由1都（东京都）1道（北海道）2府（大阪府、京都府）以及43县构成的广域的地方公共团体。都道府县还划分了"市町村"等更基层的地方公共团体，这其中最大的地方单位是"市"。市作为城市名被使用的情况很多，但是城市的概念和行政上的"市"有所不同。

日本的"市"的条件是人口超过5万人（市町村合并的情况下是3万人以上），作为城市需要满足一定的条件，但是由于日本人口大幅度减少，现在人口没有达到5万人的市也有很多。此外，地方公共团体中还存在"特别区"。截至2014年4月，日本一共有790个市、23个区、745个町、183个村。

3. 日本的主要城市

（1）东京

东京是日本的首都。作为日本政治、经济、交通、文化的中心，形成了拥有世界上人口最多的首都圈。过去，东京是江户幕府的所在地，曾被称作"江户"。东京除市町村之外还有特别区，人们也称之为"东京23区"。东京的人口超过了1300万人，占日本总人口的10%以上。2020年东京将会举办夏季奥运会。

（2）大阪

大阪是西日本最大的城市，也是近畿圈的中心城市。在江户时代，大阪作为经济、商业的中心，被称为"天下厨房"。大阪有着和日本关东迥异的城市文化和独特的饮食文化以及发达的娱乐文化。大阪话在日本国内是家喻户晓的方言，大阪的"搞笑文化"也深得日本大众的喜爱。

（3）名古屋

名古屋是中京圈的中心城市。作为连接关东和关西的交通枢纽，名古屋以制造业为中心的产业十分发达，特别是丰田汽车相关企业为城市的发展作出了贡献。名古屋作为日本陆、海、空的重要交通枢纽，交通十分发达。目前连接东京到名古屋的磁悬浮列车中央新干线的建设也在进行中。

（4）横滨

横滨是神奈川县东部的城市，距离东京很近，在日本的市町村当中人口最多（约有370万人）。横滨自古以来就是日本具有代表性的国际港口城市，贸易十分繁荣。战后，美国文化逐渐传入。中国人也较早移民到横滨，并在横滨形成了日本最大的华人街。

（5）京都

京都是日本的古都。公元794年日本迁都到平安京之后的一千多年里，京都一直都是日本的首都。平安京是仿照中国唐朝时期的长安建造的，留下了许多名胜古迹。京都有金阁寺、清水寺等许多历史古迹和寺庙，在世界上也是闻名遐迩的旅游观光城市。京都的西阵织、友禅染等传统工艺以及被称为"京料理"的饮食文化也是远近驰名。

（6）札幌

札幌是日本北海道的道厅所在地，是北海道政治经济中心。1972年举办过第11届冬季奥运会。现在，札幌人口较多，在日本排名第四。虽然北海道整体人口减少，札幌人口却在显著增加。"札幌冰雪节"等凭借自然优势发展的旅游业也十分繁荣。

Topic 3　城市郊区化和地方圈

日本在 1970 年之后，以首都圈为中心形成了城市郊区化的发展趋势，这对人们的生活和城市建设产生了很大影响。这里我们主要探讨城市的郊区化，并一起思考日本城市面临的问题。

1. 城市郊区化

（1）市郊住宅区的形成

1970 年之后，日本城市郊区化发展迅猛。郊区是指大城市周边的住宅区，远离城市的经济活动中心，也被称作市郊住宅区。

城市郊区化是指人口由城市中心向城市郊区流动的一种趋势。由于地价的上涨，20 世纪六七十年代进入首都圈的人大多会选择在郊外居住，城市中心的人口数虽然从 1960 年 831 万增至 1970 年的 884 万，但在 1980 年又跌回 835 万。

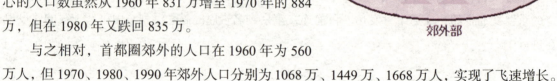

与之相对，首都圈郊外的人口在 1960 年为 560 万人，但 1970、1980、1990 年郊外人口分别为 1068 万、1449 万、1668 万人，实现了飞速增长。

（2）新城的诞生和新的生活方式

20 世纪 50 年代后期，日本开始了城市郊区化进程。在当时还是农村的大城市郊外投建了大量住宅区。这些住宅区作为人们生活的新城继续发展，使得城市郊区化进一步深化。

新城的住宅设有抽水马桶、燃气热水器、圆筒插销锁、不锈钢厨房等。这些西洋式的生活空间，是日本普通民众尚不熟悉却非常向往的。可以说，那是象征着日本 20 世纪后期的生活空间，也是战后日本人生活方式变化的主要原因之一。

但是，因为建筑和商家无秩序的增加，新城也产生了很多问题。如工业化发展过急，但学校、公路、公园等生活基础设施建设滞后等，这些问题甚至引发了居民运动。

（3）城市郊区化的前景

20 世纪 70 年代以后，首都圈的流入人口减缓，城市郊区化发展也告一段落。20 世纪 90 年代初，人口从市中心向郊外流动逐渐减少，从郊外到市中心的流动开始增加。泡沫经济崩溃后市中心的地价回落，连东京 23 区的人口数量都有显著增长。20 世纪 90 年代中期，城市中心地区建设了大量分售公寓。之前为了居住而到郊外去的人，开始在城市中心地区和近郊区寻求地理位置优越、更有魅力的住所。

2. 地方圈

（1）从地方圈到大城市的人口流动

1950年以来，大城市和工业城市从地方圈吸引了大量的人口。工业开发的进度使各地方经济上产生了差距。在开发主义的指导下，战后日本的主要目标便是消除这些差距。

但是，进入1990年伴随经济增长停滞不前，地方经济也萎靡不振。修建改进60年代工业基础，70年代建设高速公路、新干线、飞机场，80年代开发高科技和软件等开发政策，未完成部分的重担由地方背负。后工业化和国际竞争的激烈也使失去骨干产业的地方面临生存危机。

（2）个体经营的衰败

在地方城市，市中心商业街很多的店铺都是停业状态，在各地的商业街都能看到拉着百叶窗的萧条的商业街景象。

与之相对，沿着郊外主要公路线路增设了连锁店和大型的购物中心。虽然生活更加便利，但迄今作为城镇建设的主要承担者之一的个体经营的衰败，是地方社会面临的一大问题。

百叶帘商业街

（3）农村和山村的过疏化・无人化

年轻劳动力的人口流出，地区产业的退化等，导致山村和岛屿等条件不好的地区，出现过疏化、无人化现象。

在这种地区生活的多为老年人，很难维持地区庆典、冠婚葬祭、修整马路等社会生活。村落人口过疏化、无人化，也带来了老年人的孤独离世等社会问题。地方自治体目前致力于开发新型产业和创造易于老年人生活的环境。

山村过疏化

重要词汇

◆ **城市**

日本的城市一般指工业发达、生活便利、追求文化享受的、人口相对集中的地区。东京及其周边地区被称作"首都圈",东京及首都圈之外的城市被称作"地方城市"。

◆ **政令指定城市**

目前日本共有20座由政令指定的人口50万以上的市。这是根据地方自治法制定的日本城市制度,其目的是推进地方分权。日本也有人口虽超过50万但没有被指定为政令指定城市的城市。

◆ **城市化率**

城市化率指城镇人口占总人口的比重。1920年日本的城市化率仅为18%,20年后的1940年为38%,1955年超过了50%,到经济高速增长末期的1970年达到了72%。

◆ **平成大合并**

1999年至2010年日本实施了市町村合并。其目的是通过自治体的扩大强化行政和财政基础,推进地方分权。经过合并,日本的市町村数由1999年的3232个减少到了2010年3月的1727个。

◆ **三大都市圈**

都市圈指中心城市和受其影响的周边地区,在广大地域内有着社会和经济的联系。在日本把以东京为中心的首都圈、以大阪为中心的近畿圈和以名古屋为中心的中京圈称为三大都市圈。

◆ **地方公共团体**

日本有47个都道府县,分为1都(东京都)、1道(北海道)、2府(大阪府、京都府)和43县,这构成了范围广大的地方公共团体。都道府县又进一步分为"市町村"等地方公共团体的基本单位。

◆ **郊区化**

郊区亦称市郊住宅区,指大城市周边远离上班地点的作为住宅区而发展起来的地区。郊区化指人口向郊区移动的现象。1970年以后,日本的郊区化发展迅速。

练习题

基本问题

问题1 "平成大合并"的原因是什么?

问题2 第二次世界大战后,人们纷纷涌向大城市的原因是什么?

问题3 日本的三大都市圈和它们的中心城市分别是什么?

问题4 日本的地方公共团体都包含什么?

问题5 "百叶帘商业街"是什么样的商店街?

应用问题

问题1 日本的城市化与中国的城市化有哪些不同?

问题2 调查北京、上海、广州的城市特点。

问题3 谈谈中国农村面临的问题。

专栏⑨ "呆萌吉祥物"与地方城市再开发

伴随着人口向城市集中、地区工业的衰退、地方城市的人口减少，社会老龄化正急速加剧。城市与地方的差距正逐步扩大，地方的中心地段的百叶帘商业街也不断增加，往日的热闹氛围正渐渐消失。

其间，地方自治团体通过各种方法努力提高地区活力。探寻推广地区新魅力、利用当地资源开发特产以提高地区品牌效应，大力发展观光旅游业，推出新的娱乐休闲观光项目等，各地纷纷加大力度，建设市民参与型城镇。

在这些措施中，最引人注目的是当地的"呆萌吉祥物"。"呆萌吉祥物"一词来自"让人心情放松的吉祥物角色"这一描述，也被叫做"地宠"（本地吉祥物）。在当地的大型活动或宣传中以吉祥物的角色出现，或是用于宣传地区特产、介绍地区各类信息时担当形象大使。

呆萌吉祥物于2007年左右兴起。在滋贺县彦根市"国宝彦根城筑城400周年庆典"中作为形象大使出现的"彦根喵"备受瞩目，人气爆棚。随后熊本县的"熊本熊"、奈良县的"迁都君"等在全国大受欢迎的呆萌吉祥物相继出现，各地的呆萌吉祥物相继诞生。

如今有的呆萌吉祥物中还发售独创商品、主题曲、书籍。2010年举办的首届"呆萌吉祥物大奖"中，各地的呆萌吉祥物吸引了无数目光。

成为呆萌吉祥物的条件是要传达出对乡土的强烈热爱的信息。各个地方自治团体希望呆萌吉祥物向更多的人传达当地的优点，为地区再开发做出贡献。

呆萌吉祥物峰会 in 羽生

第十章　日本的经济

什么是安倍经济学？

　　大家对于日本的经济了解多少？日本二战战败后，经济遭受了毁灭性的打击。但是，日本仅用了 20 年左右的时间就实现了国内经济复苏，迅速崛起为世界第二经济大国。日本经济复苏主要归功于产业结构的变化以及日本特有的经济结构。本章主要对日本经济的特征及发展过程进行详细介绍。

> **关键词**
>
> GDP　经济增长率　劳动人口　失业率　经济高速增长期
> 泡沫经济　安倍经济学　TPP　东京奥运会

基本信息◆日本经济

1. 日本经济与GDP——战后经济快速发展

特点① GDP位居世界第三
特点② 贸易大国
特点③ 泡沫经济解体后的经济萧条

日本在第二次世界大战后，实现了经济的快速发展。1968年，日本的GDP（国内生产总值）位居世界第二，仅次于美国。虽然现在中国已经超过了日本成为世界第二大经济体，但是日本仍旧保持着比较高的经济发展水平。

二战前日本主要以农业和轻工业为主，后来逐渐转向重工业及化学工业。现在，日本的产业结构以第三产业为主。另外，日本是世界领先的进出口贸易大国，这一点尤其表现在汽车的出口贸易方面。

但是，泡沫经济解体后，日本的经济长期低迷。如今，少子化及老龄化导致的劳动力不足等都是困扰日本经济发展的难题。

世界各国名义GDP排名(2013年)

序号	国家	名义GDP
1	美国	16兆7997亿USD
2	中国	9兆1814亿USD
3	日本	4兆9015亿USD
4	德国	3兆6360亿USD
5	法国	2兆7374亿USD

资料来源：IMF 2014年

2. 日本的经济增长率——阶段性下降

特点① 确立日本特有的经济体系
特点② 复苏经济的经济政策
特点③ 寄予东京奥运会的期望

二战战败后的日本一无所有，人们对生活富足的渴望促使他们勤奋地劳动着。同时，盟军最高司令官总司令部（GHQ）实行各种经济政策，确立了重工业优先发展、终身雇佣制、年功序列制等日本特有的经济体制。在此过程中，日本经济迅速发展。

从实质GDP的增长率来看，日本经济增长出现了阶段性下降的情况。总体发展趋势为高速增长、稳定增长和低速增长。经济高速增长期间，日本经济每年平均增长9.1%。1973年石油危机之后，日本经济开始进入稳定增长期。1991年泡沫经济解体，日本经济进入低速增长时期，1995年至2010年的年平均增长率仅有0.68%。另外，2008年雷曼兄弟破产引发了全球性金融危机，致使日本经济出现长期的负增长。

2012年，日本开始实施安倍经济学相关政策。目前，日本的经济状况正在逐渐转好。另外，东京将在2020年承办奥运会。日本希望此次奥运会能和1964年举办时一样，拉动经济增长，促进日本经济发展。

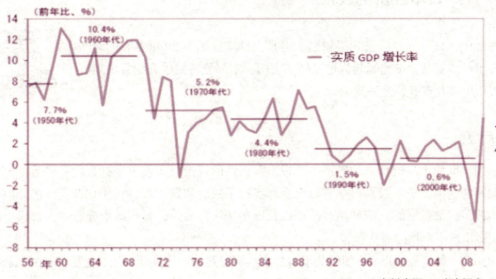

日本经济增长率的变化

资料来源：日本内阁府 2010 年

3. 劳动人口及失业率——劳动人口日趋减少

特点① 女性劳动者有所增加
特点② 从事第三产业的人员有所增加
特点③ 失业率低于欧美

日本的劳动力人口（2014 年 5 月）	
就业人数	6397 万人
雇佣人数	5591 万人
失业人数	242 万人
失业率	3.5%

总务省统计局《劳动力调查》

随着战后人口的增加，日本的劳动人口数量在1998年时达到峰值6793万人，之后便逐渐减少。不过，2005年开始，女性劳动人口逐渐增加。

但是，由于日本的少子化现象，今后劳动力不足问题会愈加严重。另外，从产业类别来看，1950年，从事第一产业的劳动者占到总人数的一半以上。之后，第二产业从业人员不断增加，钢铁及造船业等重工业发展了起来，而第一产业从业人员不断减少。1975年以后，从事第三产业的人员占总劳动力人口的一半。

战后，日本企业实行终身雇佣制，失业率低于欧美国家。但是，泡沫经济解体导致日本经济萧条，很多日本企业都进行了结构调整，日本民众陷入就业困境。受2008年全球经济危机影响，日本的失业率再度上升。现在，日本经济逐渐复苏，失业率有所下降。

安倍政府于2012年年末开始掌权，出台了旨在摆脱经济萧条的"安倍经济学"政策。自泡沫经济解体以来，日本经济长期处于低迷状态，人们希望安倍经济学系列政策能推动日本经济实现复苏。

有效求人倍率与完全失业率的变迁

资料来源：朝日新闻电子版 2014 年

Topic 1 日本经济的发展

二战中，日本的经济受到了重创。但是，日本仅用了 20 年左右的时间就实现了经济复苏，迅速崛起为世界经济大国。本部分将简单介绍日本经济的发展历史以及现有的经济政策。

1. 战后复兴

第二次世界大战给日本的经济生产带来毁灭性的打击，致使整个社会物资匮乏。为增强日本盟军的实力，盟军最高司令官总司令部实行了战后初期的经济民主化改革。主要内容包括农地改革、解散财阀、劳动制度改革以及反垄断法。另外，日本政府施行了大规模金融缓和政策，出现了严重的通货膨胀。

1950 年，朝鲜战争爆发。朝鲜战争对日本经济起到一定的推动作用，主要表现在"特需"，也就是美国军队需求的物资和服务。

> Point：战后日本严重的通货膨胀引起物价上涨。朝鲜战争军需推动了日本经济增长。

2. 高速增长期

1955 年至 1973 年为日本经济的高速增长期。这个时期，日本每年的实际经济增长率平均达到 9.1%。

日本企业用朝鲜战争中赚取的利润进行设备投资，提高产量，并兴建大批基础设施。人均收入和购买力增加，以制造业为中心的日本经济快速发展（"神武景气""岩户景气"）。

另外，1964 年东京奥运会开幕，特需同样拉动了日本经济的增长。1960 年，池田内阁宣布实行《国民收入倍增计划》，目标是用十年的时间使国民生产总值（GNP）增加一倍。实际上，日本仅用了 7 年时间完成了该目标。日本迅速建立起以重工业为中心的工业体系。1968 年，国民生产总值超过德国，日本一跃成为世界第二经济大国。

> Point：1964 年东京奥运会的举办，使日本进入经济高速增长期，GDP 实际增长率达到了 9.1%。日本经济以制造业为中心逐渐发展起来。

3. 稳定增长期

1975 年，受到石油危机的影响，日本高速的增长阶段结束，开始进入长达 18 年（1973—1991）的稳定增长期。这个阶段中，日本的实质 GDP 增长率平均为 4.2%。

1975 年，由于税收不足，日本开始发行国债，财政赤字飙升。另外，日本人口集中在首都圈的大城市，为缩减地方与城市之间的差距，日本政府建设和扩大全国高速铁路网，并在地方进行大规模基础设施建设。1970 年之后，日本主要出口汽车和家电，以欧美市场为中心的出口产业逐渐增多，但是这同时也激化了日美贸易摩擦。1986 年至 1991 年为泡沫经济时期，房地产价格及股价大幅上涨，日本经济状态总体良好。

> Point：日本经济进入稳定期，GDP 年增长率维持在 4.2% 左右。20 世纪 80 年代后期房地产价格及股价上涨，日本进入了泡沫经济期。

4. 经济萧条期

1991 年，泡沫经济破灭，房地产价格及股价急剧下跌，日本经济陷入长期的萧条状态。这期间，日本的实质 GDP 增长率年平均不足 1%，被称作"失去的二十年"（失われた 20 年）。

这段时期内，由于日本首相的频繁更换导致政治体制混乱，政府对不良贷款处理不力等原因，很多企业受到牵连，纷纷破产，如日本知名企业山一证券、日产生命等，便是在这个时期破产。政府斥巨资实施各种金融对策，各金融机构合并统合，最终导致日本财政赤字飙升。

企业为削减人员开支，开始大量裁员，不得不破坏终身雇佣制而雇佣合同员工、派遣员工等非正式劳动人员。另外，受到日元升值的影响，为削减成本，日本的制造业开始向中国等国家转移。在此期间，日本的 IT 相关行业作为新兴产业崭露头角。

> Point：泡沫经济破灭，房地产价格及股价急剧下跌，日本进入了经济萧条期。这段时期被称为"失去的二十年"。

5. 现在

2008 年，美国雷曼兄弟破产引发了全球性的金融危机（雷曼危机）。日本日经平均指数暴跌，外汇由 2007 年 1 美元兑 120 日元，2010 年升至 1 美元兑 80 日元。全球萧条的经济形势波及日本。2010 年，中国 GDP 赶超日本，跃至世界第二大经济体，日本 42 年来首次退居第三。

2011 年 3 月，日本发生东日本大地震，同时引发福岛第一核电站的核泄漏事件。日本经济为此受到重创。2011 年，日元升值至 1 美元兑 75 日元，首相安倍晋三为加速贬值日元，采取了"安倍经济学"政策。

> Point：东日本大地震沉重打击了日本经济。"安倍经济学"政策开始推行。

安倍经济学

安倍经济学是指日本首相安倍晋三 2012 年年底执政后，为改善日本经济状况而加速实施的一系列经济刺激政策。

＜安倍经济学的"三支箭"＞

- 宽松的货币政策：增加货币发行量，帮助日本走出通货紧缩的恶性循环。
- 灵活的财政政策：扩大公共支出刺激经济。
- 刺激民间投资：对企业放宽限制促进贸易发展。

Topic 2　日本的产业

战前，日本的产业主要以第一产业为主。随着经济的高速发展，第二产业、第三产业比重逐渐增加。本部分主要介绍日本主要产业的特征。

1. 第一产业

（1）农业

第二次世界大战前，日本以农业为主。1950年，第一产业的就业率为50%左右。但是，日本进入经济高速增长期后，从事农业的人数急剧减少。现在，农业从业者仅为5%。其中，农业的从业人员主要为老年人，且后继无人。近年来，日本很多农产品依靠国外进口，但大米的自给率几乎是100%。

（2）水产业

日本四面环海，近海浮游生物繁多，拥有得天独厚的天然渔场。因此，从古至今，日本的渔业都比较发达。但是，由于捕鱼水域的限制以及石油危机导致燃料价格的飞涨，从事渔业的人员数量正在不断减少。1980年，日本的渔获量世界第一，总量超过1000万吨。现在渔获量减少了一半以上。1984年，日本海鲜类食品的自给率为100%，但是由于近年来日本水产业的衰败，2006年海鲜类食品的自给率大约减少了50%。现在，日本的水产业甚至开始依赖于外国进口。

2. 第二产业

（1）制造业

制造业支撑了战后日本的经济。资源靠海外进口，制造加工产品后再出口海外，日本形成了以加工贸易为主的经济并卓有成效。

日本的三大工业地带和主要工业地区集中在太平洋沿岸，其产量占全国工业生产总额的大部分。日本制造业中，最著名的是汽车制造业和电器制造业。日本三大汽车制造商分别为丰田、日产和本田。日本电器公司松下、索尼等都在积极扩展海外市场。

> **日本三大工业地带：** 京滨工业地带、中京工业地带、阪神工业地带。
> **其他工业区：** 北九州工业区、京叶工业区、濑户内工业区、北陆工业区、东海工业区、鹿岛临海工业区、关东内陆工业区等。
> ※ 京滨工业地带、中京工业地带、阪神工业地带及北九州工业地带曾被称为日本四大工业地带。

（2）建筑业

战后经济复兴时期，日本兴起了基础设施建设的高潮。受此影响，建筑业开始逐渐发展起来。经济复兴后，日本也积极进行道路建设以及河坝建设等公共事业。特别是泡沫经济期间，日本扩大建设规模，建筑业在经济总体中所占比例远高于其他国家。但是，进入2000年后，日本削减了公共事业的开支。因此，建筑业规模整体减少，集中在民间建筑较为兴盛的东京等大城市。

3. 第三产业

（1）批发行业

综合商社是日本特有的业务形式。日本综合商社一度是全球规模最大的企业，销售额曾居世界第一。其中比较有代表性的有三菱商事、三井物产、住友商事、伊藤忠商事等。大型综合商社不断扩大组织团体经营，旗下有各自的制造公司的子公司以及联营公司。批发商曾作为制造业和零售业的销售媒介得以发展，但是由于成本的缩减，现在很多贸易都不再通过批发商进行，因此中小型批发商破产和合并情况也屡见不鲜。

（2）零售业

零售店包括百货店、超市、家电量贩店和便利店等多种业务形式。日本经济高速增长期以及泡沫经济期间，日本的零售业在全国范围内发展，并逐渐扩大规模。但是，由于过剩投资以及经济萧条，日本的消费能力过低，很多零售业面临停业及合并，商家间的价格竞争也愈演激烈。近年来，日本的零售业开始进军东南亚、中国等海外市场。

（3）信息产业

日本的信息产业领先于世界，信息通信的性能好、价格低、基础配置完善。特别是日本的DSL技术以及FTTH领先于世界，手机和信息通信网络也在不断发展。日本在1990后开始普及计算机，拥有较高技术水平。近年来，针对具有附加价值的"信息家电"的开发研究也进行得如火如荼。另外，facebook以及twitter等海外社交软件加入日本市场，SNS中的社交游戏开发事业也在不断壮大。

（4）观光业

日本拥有美丽的自然风景，独特的文化以及很多历史悠久的名建筑，观光资源丰富。日本政府为吸引更多的外国游客，实行了很多积极政策。如2003年开始大幅放宽签证限制，增加观光地及城市中的外语公示牌等。近年来，日本的独特文化吸引了大批外国游客的到访。其中，也有很多游客到访日本的主要目的是游览主题公园及购买家电产品。中国、韩国以及其他东南亚地区的游客人数正在逐渐增多。

Topic 3 日本的贸易

日本是世界贸易大国,并通过频繁的进出口贸易发展了本国经济。本节将通过日本的贸易对象、进出口商品等介绍日本的贸易情况。

1. 贸易大国日本

日本是继中国、美国、德国之后的世界第四贸易大国。2013年,日本的贸易总额达到151兆日元,远远超出了国家预算。由于资源匮乏,日本从国外进口大量的原料和燃料,再对原料进行加工,加工成高质量的工业产品后再销往世界各地。

战后的日本产业主要以出口轻工业产品为主。1960年开始发展钢铁、船舶等重工业。20世纪七八十年代主要出口电子、电气机械、运输机械、精密机械等。80年代日本不断与其他国家发生贸易摩擦。90年代开始,汽车及IT等高技术产品的竞争愈加激烈。如今面对全球化,日本不得不考虑调整本国的产业及贸易结构。

2. 日本的出口商品

长期以来,日本的汽车出口在总出口额中所占比重最大。出口美国36%,澳大利亚18%,中国15%。现在,由于很多企业都在当地拥有工厂,因此日本主要向美国、中国、泰国等国家出口汽车零件和发动机。

钢铁主要出口到韩国和中国,用于高层建筑、工厂建设和汽车制造。同样,由于现在很多日企开始在当地进行成品组装,再进行出口或于当地销售。因此,向亚洲出口的多为半导体等电子零件、塑料及有机化合物等。

日本出口的主要国家和地区(2013)

序号	国家	出口额	比例
1	美国	12兆9300亿日元	18.5%
2	中国	12兆6300亿日元	18.1%
3	韩国	5兆5200亿日元	7.9%

资料来源:财务省贸易统计 2014年

日本出口产品前十位(2013年)

序号	品名	比例
1	汽车	14.9%
2	钢铁	5.4%
3	半导体等电子产品	5.1%
4	汽车零件	5.0%
5	有机化合物	3.6%
6	发动机	3.6%
7	塑料	3.2%
8	科学光学仪器	3.2%
9	电路类仪器	2.5%
10	船舶	2.1%

资料来源:财务省贸易统计 2014年

3. 日本的进口商品

日本进口额中,占据最大比重的是原油。日本主要从阿拉伯等国家进口原油,用于发电以及汽车燃料。发电燃料和城市燃气的原料LNG主要从卡塔尔、马来西亚等国家进口,工业产品的原料铜、铅、铝等主要从南非、中国、俄罗斯、韩国等国家进口。约70%的服装从中国进口，高级名牌的西装及鞋等也多为中国制造。

电器及电子商品等制造业为削减生产成本，多在材料和人工费较低的中国及东南亚地区建厂，在当地进行生产并输送到日本或其他国家进行销售。

从总进口额来看，中国是日本最大的进口对象国。2001年之前日本最大的进口对象国是美国，2001年之后则一直是中国。

日本的进口对象国家（2013年）

排名	国家	进口额	所占比例
1位	中国	17兆6500亿日元	21.7%
2位	美国	6兆8100亿元	8.4%
3位	澳大利亚	4兆9800亿元	6.1%
4位	沙特阿拉伯	4兆8600亿元	6.0%
5位	阿拉伯联合酋长国	4兆1500亿元	5.1%
总进口额		81兆2700亿元	

资料来源：财务省贸易统计　2014年

占日本进口额比重较高的前十位（2013年）

排名	品目	所占比例
1位	原油·粗油	17.5%
2位	LNG	8.7%
3位	服装及附属品	4.0%
4位	石油制品	3.3%
5位	通信设备	3.3%
6位	半导体等电子零件	3.0%
7位	煤炭	2.8%
8位	医药品	2.6%
9位	电子计算机	2.4%
10位	铁矿石	2.1%

资料来源：财务省贸易统计　2014年

4. 加入TPP的影响

TPP是跨太平洋伙伴关系协议（Trans-Pacific Partnership Agreement）的简称。TPP由亚太经济合作会议成员国中的新西兰、新加坡、智利和文莱四国发起，2010年3月，美国、澳大利亚、秘鲁、越南四国正式加入TPP谈判。之后，马来西亚、墨西哥、加拿大及日本也陆续加入。2017年1月，美国宣布退出TPP。

跨太平洋伙伴关系协议旨在促进太平洋区域的贸易自由化，推动经济发展。协议的主要议题涵盖货物贸易、服务贸易、知识产权和投资等。

由于参加国之间撤销贸易关税，因此可以促进贸易的自由化，增加汽车等日本制造商品的出口额。但是，外国进口的低价农产品也会对日本本土市场产生较大冲击。因此，日本"农业协会"和"渔业协会"等生产团体不同意日本加入TPP。

日本和中国的贸易史

日本位于亚洲最东端，是一个与其他国家隔海相望的国家，在航海技术不发达时期，对外贸易十分受限。江户时代，日本实行锁国政策，很少同其他国家交往。明治时代以后，日本开始发展与各国的贸易，逐渐跻身贸易大国行列。

中国与日本的贸易关系，源远流长。从遣隋使和遣唐使，以及宋代、明代与日本的贸易都可以看出，在各个时期中日两国都保持着贸易往来。即便是在实行锁国政策的江户时代，日本也开放了长崎的出岛进行中日贸易。中日贸易历史长达两千年。可以说，与中国的贸易很大程度上促进了日本社会和经济的发展。

重要词汇

◆ 经济增长率
第二次世界大战后,日本经济高速发展。1968年,日本成为继美国之后的世界第二大经济体。日本战后的实质GDP增长率经历了"高速增长期""稳定增长期"和"低速增长期"三个阶段,经济增长率阶段性下降。

◆ 失业率
日本企业战后实行终身雇佣制,因此日本的失业率远低于欧美国家。但是,泡沫经济破灭后,企业不得不进行结构调整,大量裁员,因此失业率也直线上升。这段时期被称作"就业冰河期"。

◆ 高速经济增长期
1955年至1973年被称作日本经济的高速增长期。这段时期内,日本实质GDP增长率年平均达到9.1%。产业由农业、轻工业逐渐转向钢铁、船舶、科学技术等重工业。

◆ 安倍经济学
安倍经济学是指日本首相安倍晋三2012年年底执政后,为改善日本经济状况而实施的一系列经济刺激政策。安倍经济学的基本方针(也被称作安倍经济学的"三支箭")是宽松的货币政策、灵活的财政政策、刺激民间投资。

◆ TPP
TPP是以促进亚太地区的贸易自由化以及经济发展为目标的自由贸易协议。2017年1月美国退出TPP,现在TPP成员国为包含日本在内的11个国家。

◆ 东京奥运会
2013年9月,日本东京获得了2020年奥运会的举办权。这是东京继1964年之后,第二次承办奥运会。1964年的奥运会促进了当时日本经济的发展,日本当局同样希望借此次奥运会拉动经济增长。

练习题

基本问题

问题1　请阐述日本失业率低的原因。

问题2　日本泡沫经济是如何产生的?

问题3　日本的水产业为什么会衰败?

问题4　请指出日本的制造业的特征。

问题5　请说出日本主要的出口商品及进口商品。

应用问题

问题1　试调查日本向中国出口最多的商品是什么。

问题2　试调查中国游客办理日本签证的条件。

问题3　调查人民币与日元之间的汇率。

专栏⑩　东京奥运会成功申办能否推动日本经济复苏

2013年9月7日雅克·罗格宣布2020年夏季奥运会的主办城市是日本东京。这是东京继1964年之后，第二次承办奥运会。本届奥运会共有三个候选城市角逐最后的举办权，它们分别是东京（日本）、伊斯坦布尔（土耳其）和马德里（西班牙）。最终，日本著名女主播泷川克里斯汀的精彩陈述发言成为日本胜出的关键因素。

国际奥林匹克委员会总会最终展示上，泷川克里斯汀用流利的法语进行了演讲，介绍了扎根于日本社会的好客精神，并表示日本人会用「おもてなし」这个独特的方式来欢迎各国的运动员及游客，给国际社会留下了深刻的印象。「おもてなし」一词也因此获得了日本"2013U-CAN新语流行语大奖"。

日本之所以能够成功申办奥运会，是因为日本国民做出了很多相应的努力。2011年，日本发生东日本大地震，整个日本陷入了困境。但是，日本国民不断向受灾地伸出援手，受灾民众面对艰苦困境的同时也没有忘记感恩和互帮互助。日本人在地震中表现出的状态向全世界人民展示了日本的独特以及日本人优秀的国民素质。

泷川克里斯汀在演讲中说道："如果你在东京不幸遗失了物品，即便是现金，你也一定能失而复得。"一项以75000位世界旅行者为对象的调查中，东京被选为世界上最安全的城市。

1964年在东京举办的奥运会给予了整个日本活力和勇气，并且大幅促进了日本经济的发展。至于2020年的奥运会是否能再次推动日本经济增长，似乎还是要看日本国内为此做的准备情况。（王茵茹）

日本举办的奥运会
1964年　东京奥运会
1972年　札幌奥运会（冬季）
1998年　长野奥运会（冬季）
2020年　东京奥运会

第十一章　日本的企业

什么是日本企业的"菠菜法则"？

　　大家对于日本企业有多少了解？日本企业在日本的发展过程中，起到了至关重要的作用。每个日本企业具有自己独特的、与众不同的企业文化。近年来，受到经济不景气以及国际化的影响，日本的企业文化初见弊端。本章将对日本的企业进行介绍。

> **关键词**
>
> 工作时间　年功序列　终身雇佣制　非正式员工　菠菜法则
> 纵向社会　企业在职培训（OJT）　居酒屋　黑心企业

基本信息 ◆ 日本的企业

1. 日本企业的特征——独特的企业文化与经营模式

- 年功序列与终身雇佣制　根据年龄和工龄进行升职与加薪，公司承诺雇佣员工至退休年龄。
- 纵向社会，上下级关系　重视人际关系中的上下级关系。
- 集体协商，集体责任　重要的事情通过会议决策，由组织承担责任而非个人。
- 重视企业在职培训（OJT）　在企业内部培训员工，培养人才。
- 企业工会，以员工为中心　由劳动者组成工会，旨在改善工资和工作时间等工作条件。
- 重视长期业绩和市场份额　重视市场份额，立足于长期业绩来推动事业发展。

　　1955年至1973年被称作日本经济的高速增长期（实质GDP增长率年均9.1%）。经过1973年至1991年的稳定增长期（包括泡沫经济期在内，日本实质GDP增长率年均4.2%）之后，1991年日本泡沫经济解体，日本经济一直处于经济低增长期。在此过程中，日本的企业面临业绩恶化、破产等危机，却也一直支撑着日本的经济，并促进了其发展。

　　日本企业拥有上述独特的企业文化与经营模式，但其中也有利有弊。

2. 日本企业的工作状况——工作时间缩短，工资降低

特点①　逐渐缩短工作时间
特点②　很难实现带薪休假
特点③　经济不景气导致薪资逐渐降低

（1）工作时间

　　日本人通常给人以"工作时间长、上班拼命、以公司为家"的印象。实际上，近30年来，日本人的年均实际工作时间已经降低了300个小时以上。但是，日本人的工作时间仍要比法国、德国等先进国家多出200—300个小时，并且还会无偿加班工作。如此看来，日本人的工作时间确实比较长。

　　日本企业还有一个特征就是加班和休息日上班。据2013年厚生劳动省的调查显示，大企业中，一个月的加班时间超过60个小时的员工比例占到43.9%。长时间的工作会降低生产率，增加精神压力导致员工抑郁，还会对出生率和看护问题产生负面影响。

劳动者年内实际工作时间的变化

年份	年内实际工作时间
1980年	2104小时
1990年	2044小时
2000年	1854小时
2010年	1733小时
2012年	1765小时

资料来源：厚生劳动省《每月工作统计调查》

劳动者的生活时间表（正式员工与非正式员工）

国家	日本		美国		法国	
性别	男性	女性	男性	女性	男性	女性
出家门时间（时：分）	7:41	8:55	7:41	7:56	7:46	8:04
上班时间（时：分）	8:33	9:35	8:21	8:38	8:28	8:45
下班时间（时：分）	19:08	17:08	17:18	16:57	17:33	17:29
进餐时间（分）	48.0	37.3	42.3	39.1	48.2	48.9
休息时间（分）	28.2	18.1	6.4	5.8	11.8	10.8
加班时间（分）	92.3	22.8	34.7	15.8	31.9	15.2
在家工作时间（分）	5.9	25.0	31.5	36.0	17.1	24.6
假期在家工作时间（分）	18.1	39.3	58.2	60.5	35.0	46.0

资料来源：独立行政法人劳动政策研究研修机构　2013 年

（2）休假

日本劳动者平均一年的休假时间是137 天。虽然日本的带薪休假时间不长，但是由于法定休假比较多，因此一年的休假时间和其他发达国家相差无几。

但是，有些公司业务比较繁忙，员工在假期也必须上班。很多员工考虑到工作进度以及周围人的工作情况而会选择放弃带薪休假的机会。

一年中的休息日（2011 年）

国家	周休日	周休日意外的假期	年度带薪休假	年内假日时长
日本	104	15	18.3	137.3
英国	104	8	24.7	136.7
德国	104	10	30.0	144.0
法国	104	10	25.0	139.0
意大利	104	8	28.0	141.0

资料来源：独立行政法人劳动政策研究研修机构　2013 年

（3）工资薪酬

受长期经济萧条的影响，日本工薪阶层的平均年收入逐渐减少。2013 年，日本工薪阶层的平均年收入为 414 万日元。

日本企业大多采取年功序列制。刚刚进入公司时薪资较低，但是随着工作年限的增加，工资也会随之增加。厚生劳动省发布的 2013 年平均初薪的调查结果显示，硕士毕业的初薪为 22 万 6 千日元，本科毕业的初薪为 19 万 9 千日元，高中毕业的初薪为 15 万 7 千日元。

公司员工的平均年收入的变化

资料来源：国税厅《民间薪酬实际情况统计调查》　2012 年

年功序列与终身雇佣制

年功序列和终身雇佣制是日本企业独特的雇佣制度。这些制度保障了员工的基本生活,关系到整个企业的未来发展。本部分将对这些制度的内容和现状进行简要介绍。

1. 什么是年功序列制?

年功序列是指随着员工工作年数的增加而相应地提高工资和职位。随着工作经验的积累,员工的技术和能力都得到了一定程度的提高,并最终反映在企业的业绩上。这种制度带来的结果是,管理层中多为工作年数较长的员工。

(1)年功序列制的优点

由于年功序列是按照工作年数和年龄的增加而提高工资,因此对于员工来说,年功序列制意味着全家的生活得到了保障(如孩子上学、家庭医疗费支出等)。因此,即使起初的薪水较低,也很少会有员工表示不满。另外,由于员工不愿意放弃积累的工龄,年功序列制有利于培养员工对企业的归属感和忠诚感。

(2)年功序列制的不足

年功序列制也有不利的一面,即只要没有重大过错,谁都可以按部就班地晋升。因此,对于有风险的工作,员工的积极性比较低。另外,由于专职员工和非正式员工的累积工龄较短,年功序列制不利于这类人群的加薪和晋升。此外,年轻有为的员工有可能会跳槽至其他看重能力的公司。所以,年功序列制不利于人才的保障。

(3)年功序列制的现状

越来越多的企业期望在短期内取得业绩,也希望控制中老年员工的薪资水平,于是开始实行欧美国家的"业绩主义"。很多年轻人希望得到与自己能力相符的薪水,选择进入看重能力的公司就职。同时,现在也有很多企业采用年功序列和业绩主义相结合的经营制度。

2. 什么是终身雇佣制?

终身雇佣制,是指员工一经企业正式录用直到退休,可以始终在同一家企业供职。这一企业文化,不具有法律意义上的约束力,而是员工和企业之间的一种默契,或者说是一种惯例。

这种制度在二战之后逐渐演变为长期雇佣制度。20世纪50年代到60年代的经济盛况,使很多企业担心劳动力不足,所以这一时期,尤其在大企业中,长期雇佣的习惯普及开来。

（1）终身雇佣制的优点

员工可以享受终身雇佣制带来的稳定。另外，有利于企业对员工进行人力资本的长期投资，如企业在职培训（OJT）。由于终身雇佣制导致企业人才流失的可能性比较低，因此有利于企业提高技术水平，进行人才资源配置等。

（2）终身雇佣制的不足

采用终身雇佣制后，企业不能轻易解雇员工。因此，在经济不景气时容易导致企业举步维艰。另外，稳定的工作环境可能会降低员工工作积极性，使生产率低下。所以，现在很多企业减少了正式员工的人数，临时员工所占的比例逐渐上升。

（3）终身雇佣制的现状

终身雇佣制在日本战后的经济中起到非常重要的作用。但是，1990年之后，日本出现经济状况低迷及劳动力老龄化等问题，企业不得不进行结构调整（为削减人员开支而进行裁员），限制录用正式员工。因此，合同员工及派遣员工数量增多，日本的终身雇佣制开始逐渐瓦解。但是，尽管如此，现在仍有90%左右的日本企业采用雇佣员工至退休的制度，日本的转职率要比欧美国家低50%以上。

3. 雇佣形式是如何变化的？

受长期经济停滞的影响，有些企业无法保证员工直至退休的工作，也无法支付给中老年员工高额的薪水。于是，企业不得不签约合同员工、派遣员工和临时工等非正式员工，以削减工资成本。此举也便于公司在经营不景气时及时进行人员调整。

1990年，日本的非正式员工为870万人。而2013年达到1964万人之多，非正式员工人数在23年内增长了1000万人。2013年，非正式雇佣的比例为总从业人员的37.2%。也就是说，3人中就有1人或更多为非正式员工。另一方面，正式员工在1998年迎来高峰3798万人之后，便开始逐渐减少。2013年，正式员工人数为3310万，减少了490万人。

各种雇佣形式的员工（2013年11月）

员工类型	实际人数	比例
除决策人员外的员工	5274万人	100%
正式员工	3310万人	62.8%
非正式员工	1964万人	37.2%
零工	956万人	18.1%
兼职	424万人	8.0%
派遣员工	116万人	2.2%
合同员工	278万人	5.3%
特约人员	112万人	2.1%
其他	78万人	1.5%

资料来源：总务省统计局 2013年

非正式员工的工作状态不稳定，与正式员工之间的收入差距正在加大。这种收入情况下，夫妻双方不得不都出去工作养家，生育孩子后也不能保证稳定的经济收入。因此，日本现在的雇佣形式也是不婚、晚婚以及少子化现象产生的原因之一。

Topic 2　日本企业的"菠菜法则"

日本拥有独特的企业文化，外国人有时很难理解。本部分对日本企业文化中的"菠菜法则"以及"纵向社会"的特点进行介绍。

1. 日本企业的"菠菜法则"

日本企业的"菠菜法则"，在日语当中写作："ホウレンソウ"（与日语中的"菠菜"同音）。具体是指"ほうこく"（报告）、"れんらく"（联络）、"そうだん"（商量）。

> ◆ 报告：企业的任何成员都要将工作的进展情况及时向上司汇报。
> ◆ 联络：及时与上司或同事联系工作中遇到的困难与问题。
> ◆ 商量：就工作情况包括遇到的问题与上司和同事交换意见、商讨对策。

日本企业的"菠菜法则"利于上司与部下之间的意见沟通、激发灵感和解决问题。该法则不仅能够推动工作进行，还能在一定程度上减少出错概率，提高工作效率。

但是，日本之外的国家却很难理解这种做法。有人认为日本的"菠菜法则"存在不足。比如，员工感觉不到上司的信任；报告、联络、商量会耽误决策、错失商业机遇；增加不必要的工作负担，影响办事效率等。

2. 日本是纵向社会

所谓纵向社会，就是重视人际关系中职务、年龄、经历等上下序列关系的社会。即使普通员工之间，进入公司有一年之差也会产生上下关系。这种纵向关系不仅仅限于公司，在各类组织、学校等内部也十分常见。

在日本的纵向社会中，对上级必须使用敬语。日语中的敬语如此发达也与这点有关。上司的命令就是一切，或许会有人觉得这种社会令人拘束。但是，明确上下级关系，就能明确自己的责任，也就能够更顺利地开展工作。

一般来说，日本重视上下关系的社会构成被称作"纵向社会"。与此相对，欧美呼吁平等的社会构成被称作"横向社会"。

3. 集体决策

日本企业普遍实行集体决策方式。频繁召开会议，在决定重大事项时进行会签。

会签是指在做出最终决定前征求多位管理者和负责人同意的制度。集体决策有利于集中民智，产生出创造性的构想，获得多方面的意见。同时，集体决策也存在很多不足，如影响决策速度及效率，导致责任不明确等。

因此，集体决策没有被国际社会广泛认可。例如，在北京有一单生意，但是当地人员是没有决定权的，必须要联系在东京的总部并召开会议才能够决定下来。因此，错失巨大商机的案例也时有发生。

4. 重视在职培训（OJT）

由于日本企业实行年功序列和终身雇佣制，因此很多公司会从应届毕业生中录用大量新员工。然后对这些新员工进行企业内部培训，培养企业人才。这就是所谓的企业在职培训（OJT：On-the-Job Training）。OTJ旨在使新员工通过工作实践掌握必要的能力和技术。正是因为企业内部培训，日本的企业才能不断创新、成长。企业内的培训除了在职培训（OJT）之外，还有自我开发（SD）和离职培训（OFF-JT）。

5. 企业工会

工会是指劳动者组织在一起，要求改善工资及工作时间等各方面待遇的团体。在欧美国家，工会往往以行业性质划分。而日本主要是以企业为单位组成的企业内部工会。由企业内部工会按照行业不同再组成行业工会组织。

日本宪法第28条规定，保障劳动者的团结权、集体交涉权及其他集体行动的权利。但是，在职场现状的制约下，很多工会组织不能充分发挥作用。

6. 义务加班

义务加班是指在日本《劳动基准法》所规定的一天8小时、一周40小时的法定劳动时间之外工作的情况，或在法定节假日工作的情况下，支付的工资不包含加班费的现象。

义务加班虽然违反《劳动基准法》，但这是日本企业自古以来的一个习惯。有人指出，相比其他国家，日本的义务加班情况更加严重。雇主滥用职权，对劳动者采取强制措施的事情很常见。近年来，企业为了提高效率和减少人员开支，在无法强制加班的临时员工大幅增加的背景下，正式员工不得不大量加班的情况经常发生。

又有说法称，义务加班的蔓延，也是源于日本人特有的气质和企业文化。日本人不会违背上司的命令，也不愿意在上级和领导仍在工作的情况下先行离开。

上班族的居酒屋文化

日本的公司员工通常会在工作结束后，与同事、上司或部下一起去居酒屋。日本居酒屋是指提供酒类和饭菜的料理店。

公司员工们一边喝酒一边聊工作、生活。由于每样菜品都很少，所以即便是两个人一起去，也可以点很多菜品。居酒屋中的酒类有很多种，大家可以边添菜边喝自己喜欢的酒。有人去居酒屋边喝酒边抱怨工作上的烦心事，并以此消除压力。与同伴聊天后，第二天又可以精神百倍地投入工作。可以说，居酒屋已经成为上班族下班后的休息场所。

Topic 3 支撑日本的制造业

丰田汽车、松下、资生堂等都是大家耳熟能详的日本企业。本部分将对日本的企业类型和发展过程进行介绍,并思考日本的产品为何在全世界拥有较高的评价。

1. 日本的产业是如何发展的?

日本虽然资源匮乏,但是制造业却十分发达。日本从其他国家进口原材料,经过加工制成成品后再出口到外国。日本的汽车和电器等产品性能极高,在世界范围内享有美誉。战前的日本一无所有,但是日本却在短时间内一跃成为世界第二大经济体,可以说,日本的制造业在其中发挥了巨大的作用。

现在,很多企业为削减生产成本而在材料和人工费较低的外国建厂,并在当地制造产品。除了汽车和电器之外,日本的食品、化妆品、医疗品等行业均在拓展海外市场。

2. 日本企业为何拥有这么高的制造技术?

日本的企业在技术领域领先世界的原因之一在于企业的开发能力。日本企业积极进行技术革新的背后,有许多原因。比如,日本企业有立足长远、积极投资研发的经营战略;日本经营者多为技术人员出身,他们对技术研发态度积极;日本企业生产现场对新技术的接受能力较强等。

日本企业的这种特征,与终身雇佣制等长期的雇佣惯例以及拥有众多稳定股东等因素密切相关。

3. 日本企业中销售额较高的行业

日本销售额较高的行业有汽车制造业和电器制造业,另外还有综合商社。上述每个企业都拥有大量员工,世界各地均有工厂和分公司。

2013 年,日本销售额最高的企业是丰田汽车公司。丰田汽车公司总部位于爱知县丰田市。丰田市原名举母市,因为丰田汽车的关系,于 1959 年正式更名为丰田市。

日本企业年销售额排行(2013 年)

位次	公司名称	行业	销售额
1 位	丰田汽车	汽车	25 兆 6919 亿日元
2 位	伊藤忠商事	商社	14 兆 6457 亿日元
3 位	丸红	商社	13 兆 6335 亿日元
4 位	日本 JX 控股公司	石油	12 兆 4120 亿日元
5 位	本田	汽车	11 兆 8424 亿日元
6 位	三井物产	商社	11 兆 1554 亿日元
7 位	NTT	通信	10 兆 9251 亿日元
8 位	日产汽车	汽车	10 兆 4825 亿日元
9 位	日立	电器	9 兆 6162 亿日元
10 位	住友商事	商社	8 兆 1461 亿日元

资料来源:日本经济新闻 2014 年

扬名海外的日本制造商

日本产品在设计过程中充分考虑到了使用者的需求,性能较高,不易损坏。因此,日本产品在海外也得到了很高的评价。这里对中国人十分熟悉的汽车制造商、电器制造商和化妆品制造商、食品公司进行介绍。

（1）汽车制造商

日本车安全系数高，耗油量小，因此在全世界都十分受欢迎。特别是在美国，约有40%的美国人都会选择购买日本车。日本的汽车制造商享誉世界。其中，丰田汽车是日本最大的汽车制造企业，每年的销售额超过20兆日元，汽车销售量连续2012年和2013年两年位居世界第一。

（2）电器制造商

日本的电器性能较高，功能齐全，不易损坏。特别是电视、计算机、数码相机等产品在国外也十分有名。日本的制造商不断开发新产品，力求提高销售量。但是近年来，韩国的制造商以价格优势开始逐渐占领电器市场，两国间的竞争不断加剧。

（3）化妆品制造商

日本对于化妆品成分规定十分严格，很多化妆品都使用了天然成分，并对肌肤有滋润作用，因此在国外也十分受欢迎。特别是在泰国、越南、中国等亚洲各国，日本的化妆品市场十分庞大。如今，资生堂、花王等化妆品制造商正在积极拓展公司的海外市场。近十年来，日本的化妆品的出口量增加了近一倍。

（4）食品制造商

日本的食品重视健康和卫生，安全上有保障。方便面等速食食品和零食的种类丰富，出口到世界各国。最早发明方便面和杯面的是日本的公司——日清食品。啤酒中的麒麟啤酒、朝日啤酒、三得利啤酒等也在中国销售。

日本主要汽车制造商
- 丰田汽车
- 日产汽车
- 本田
- 铃木
- 马自达

日本主要电器制造商
- 日立
- 松下
- 索尼
- 东芝
- 富士通

日本主要化妆品制造商
- 资生堂
- 花王
- 宝娜
- 高丝
- 美伊娜多

主要食品制造商
- 麒麟
- 朝日
- 明治
- 日清食品
- 味之素

黑心企业

黑心企业是指强迫员工在条件恶劣的环境下工作的企业。广义上指不建议进入的企业。黑心企业往往不顾及员工身体条件而强迫员工超长时间、过高强度工作。因此会带给员工身体上以及精神上的压力。黑心企业，日语叫作"ブラック企業"，成为日本2013年的流行词汇，也是当今日本严重的社会问题之一。

重要词汇

◆ 工作时间
2012年，日本人的工作时间为1765小时。30年来，日本人的工作时间减少了300余小时。但是，和法国、德国等发达国家相比却仍多出200—300个小时。加班和休息日上班是日本企业的特征。

◆ 年功序列
年功序列是指政府机关和企业中，会随着员工工作年数的增加而相应地提高工资和职位。采取这种制度的出发点是，随着工作经验的积累，员工的技术和能力会得到一定程度上的提高，并最终反映在企业的业绩上。

◆ "菠菜法则"
"菠菜法则"是指日本企业的"报告、联络、商量"工作方式。这种方式利于上司与部下之间的意见沟通，减少出错概率，提高工作效率。但是，同时也会导致决策延误，错失商业机遇。增加不必要的工作负担，影响办事效率等问题。

◆ 纵向社会
所谓纵向社会，就是重视人际关系中职务、年龄、经历等上下序列（上下级关系）的社会。日本从古至今都是重视上下级关系的"纵向社会"，而欧美是强调人人平等的"横向社会"。

◆ 企业在职培训（OJT）
企业在职培训（OJT：On-the-Job Training）是指对新员工进行企业内部培训，以培养企业人才。由于日本多数的企业都实行终身雇佣制，因此转职员工较少，利于企业对员工进行人力资本的长期投资。

◆ 居酒屋
日本居酒屋是指提供酒类和饭菜的料理店，日本的公司员工经常在下班后光顾。公司员工可以和同事或朋友边喝酒边聊工作或生活，消除压力，为第二天的工作注入活力。

练习题

基本问题

问题 1　日本人的工作时间发生了怎样的变化？

问题 2　近年来，企业的雇佣形式发生了怎样的变化？

问题 3　"菠菜法则"的优点有哪些？

问题 4　日本企业重视企业在职培训的原因是什么？

问题 5　日本的"居酒屋"是一种怎样的餐饮店？

应用问题

问题 1　试说明"纵向社会"和"横向社会"的不同点。

问题 2　请查阅日本企业的福利保障。

问题 3　查阅一家中国家喻户晓的日本企业的资料，阐述该企业的经营范围。

专栏 ⑪ "经营之神"——松下公司创始人松下幸之助

松下幸之助是日本著名公司"松下电器"的创始人,被人称为"经营之神"。他将松下电器发展为世界著名的跨国公司。松下电器的原名是"松下电器产业公司",松下在中国也家喻户晓。

1918年,23岁的松下幸之助设立了松下电气器具制作所(现在的松下电器)。之后,积极进行产品的革新并通过高明的营销手段和领先时代的经营策略,将松下发展为战后日本最大的企业。

松下幸之助之所以被称为"经营之神",是因为他作为经营者,拥有不同寻常的想法和经营理念,并且为人和善,受到大家的尊敬。松下幸之助认为"担负起贡献社会的责任才是企业的第一要务"。1932年,他提出了广为流传的一句宣言:"企业家和制造商追求的目标应该是:让所有的产品都像自来水那样便宜且用之不竭。这一目标实现之时,也就是贫穷从地球上消失之日。"之后,松下幸之助买下收音机专利并对同行无偿公开。此举对整个行业的发展做出了巨大贡献。

松下幸之助还是一位视野长远的经营者。1945年,为实现国家及人民共同的富裕、和平与幸福,松下幸之助创设了PHP研究所。1965年采用了其首创的周休日制度。另外,松下幸之助为培养日本优秀的政治家而于晚年创立"松下政经塾"。日本前首相野田佳彦即毕业于松下政经塾。

松下幸之助在辞去公司顾问一职后,仍旧思考着21世纪日本应该发挥的作用,这似乎也成为他的精神支柱。可以说,松下幸之助直至94岁与世长辞,一直都在洞察日本的未来。

松下的经营理念

贯彻产业人的本分

谋求社会生活的改善和提高

期待为世界文化的发展做贡献

※ 松下幸之助制定于 1929 年制定

第十二章　日本的政治

日本为何频繁更换内阁首相？

　　大家了解日本的政治结构吗？自2000年至今，日本已经更换了8届内阁首相。那么，日本的内阁首相是如何选出的？为什么内阁首相在18年内更换了8届？日本的政治对国家发展起到什么作用？为了理解这些问题，我们必须了解日本的政治体系。本章将通过介绍选举制度、日本的政党制度和日本的地方自治，来阐述日本的政治体系和日本政治的特征。

> **关键词**
>
> 民主主义　内阁总理大臣　《日本国宪法》　天皇　三权分立
> 内阁　众议院和参议院　执政党与在野党　地方公共团体

基本信息◆日本政治

1. 日本政治的特征

◆民主主义

日本是民主主义国家，即日本国民直接，或通过国会议员（由国民自由选举产生）间接行使权力，并自觉履行义务。

◆法治国家

日本的一切政治活动均以日本最高法规——《日本国宪法》所规定的体制为基础。日本的司法、行政是以宪法和国会所制定的法律、法令为基础运行的。因此可以说，日本是法治的国家。

◆内阁总理大臣

日本的内阁总理大臣也被称作日本首相，是日本行政的最高首脑，负责领导各行政机关运作。内阁总理大臣的产生方式是在国会议员之中择一提名，再经国会决议指名。内阁总理大臣享有国务大臣的任免权。现任内阁总理大臣是自由民主党总裁安倍晋三。

2.《日本国宪法》

第二次世界大战战败后，在联合国军最高司令官的指示下，日本于1946年颁布了《日本国宪法》，并于1947年5月3日正式实施。《日本国宪法》至今仍发挥着重要作用。

《日本国宪法》的三大原则是国民主权（主权在民）、尊重基本人权（保障人权）和和平主义（放弃战争、不拥有陆、海、空军等战争力量）。

日本宪法的修订，必须通过日本国会三分之二的成员同意，由国会提出议案，并获得半数以上日本国民的赞成。

3. 天皇

天皇是日本历史上的君主，1889年颁布的《大日本帝国宪法》规定天皇是国家的主权者，包揽一切统治权。但是，第二次世界大战后，日本颁布了《日本国宪法》，规定"天皇是日本国的象征，是日本国民整体的象征"。

如今，日本天皇并无政治实权，只是执行宪法规定下的相关国事行为。日本现任君主为明仁天皇（1933年12月23日— ），是日本第125代天皇。日本决定，出于身体原因，明仁天皇将于2019年4月30日退位，5月1日明仁天皇之子德仁皇太子继位。

天皇参与的国事行为

● 宣布内阁总理大臣、最高裁判长的任免结果
● 解散众议院
● 公布法律
● 授予荣誉称号等礼仪行为

4. 三权分立

日本实行三权分立制，即将国家权力分为立法权、行政权和司法权，并分别交由国会、内阁、法院掌管。三个权利主体间相互监督，确保国家权力的平衡和制约。

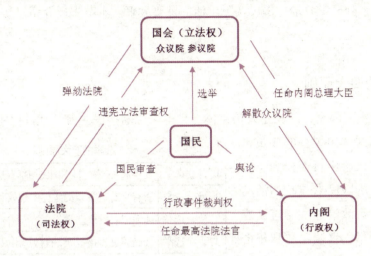

国会（立法机关）

国会作为唯一的立法机关，是国家最高权力机关。国会采用两院制，由众议院（任期4年）和参议院（任期6年）组成，两院的议员均通过国民投票选举产生。日本每年固定召开一次通常国会（常会），主要内容是制定法律、审议国家预算、任命内阁总理大臣等。在遇到紧急情况下会召开临时国会。

内阁（行政机关）

内阁由国会的多数党组阁，对国会负责。内阁除了根据国会通过的法律和预算，进行行政管理以外，还要处理外交关系、缔结条约、编制预算草案、起草法律条文等。

内阁由内阁总理大臣（首相）和其他国务大臣（14—17人）组成。首相的产生方式是在国会议员之中择一提名，再经国会议决指定。日本首相享有国务大臣的任免权。

法院（司法机关）

日本的法院由最高法院和下级法院组成。最高法院依据《日本国宪法》直接设置，是日本最高的审判机关。日本最高法院目前坐落在东京都千代田区。下级法院包括高级法院、地方法院、简易法院和家庭法院等。

日本最高法院的法官由内阁提名，天皇任命。其他法官均由内阁直接任命。日本法院享有违宪审查权，即有权决定法律、命令、条例是否符合宪法。

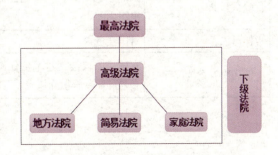

Topic 1 选举制度

日本是民主主义国家,国会议员和地方议员均通过日本国民选举产生。因此,选举是关系到国家政治、国民实际生活的重要大事。本节主要介绍日本的选举制度。

1. 日本选举的四大原则

日本是民主主义国家,国民是政治主体。日本采取间接民主制(代议民主制),即日本国民以选举的形式选出议会的成员,议员代表国民在议会中行使权力。可以说,选举是日本国民参与政治活动的方式。日本进行政治选举需遵循普遍选举、平等选举、直接选举和秘密选举四大原则。

选举的四大原则

1. 普遍选举	凡年满18岁的日本国民均享有选举权
2. 平等选举	所有享有选举权的主体实现权利的效力是同等的
3. 秘密选举	即无记名投票选举
4. 直接选举	选民通过直接投票,直接选出议员和最高领导人

2. 日本首相与美国总统的区别

日本和美国均是民主主义国家,但是两国选举国家最高领导人的方式完全不同。美国实行总统制,总统的实际权力非常广泛。总统由选民选举产生,因此总统所领导的党不一定是国会多数党。

与美国不同,日本实行议会内阁制。首相由国会提名,经国会议员(由日本国民选出)投票选举产生。因此,首相领导的党多是在国会中占多数议席的政党(执政党)。日本首相组织内阁,任命国务大臣,并对议会负责。

日本首相与美国总统的比较

区别	首相(日本)	总统(美国)
选举方式	由国会议员投票选举产生。	由选民投票产生。
政治制度	议会内阁制。	总统制。
地位	内阁最高首长、国会议员。	最高行政长官、独立存在。
行政权归属	内阁掌握行政权。首相任命国务大臣,组织内阁。	总统。总统的实际权力广泛。行政机构直属总统。
责任对象	对国会负责。	对美国人民负责。
不信任决议案是否有效	有效。若议会通过不信任案,政府内阁必须辞职,解散众议院。	无效。除特殊情况之外,议会不可以通过不信任案的方式迫使总统辞职。

3. 众议院选举和参议院选举

日本的国会实行两院制，由众议院和参议院组成。两院针对同一政策分别讨论，分别通过。因此，日本的两院制可以确保议案经过充分的审议。日本的国会议员分为众议院议员和参议院议员。众议院有中途解散制度，议员的任期也相对较短（平均实际任期2年半），故相对于参议院而言众议院拥有更高的地位。两院的议员都是通过选民投票产生，但是人数和任期有所不同。

类型	人数	任期	选举权	被选举权	选举区
众议院议员	465人	4年（有可能中途解散）	18岁以上	25岁以上（含25岁）	小选举区：285人 比例代表：180人
参议院议员	242人	6年（每三年改选其半数，不能被解散）		25岁以上（含25岁）	选举区：146人 比例代表：96人

两院议员的选举实行"小选区制"与"比例代表制"的并立制度。在日本各地的小选区内，选民直接投票选举议员。在比例区内，选民为自己支持的政党投票，具体议员人数根据政党得票多少按比例分配。也就是说，每位选民以不记名的方式，在每个区内各投一票。

类型	众议院	参议院
小选区制	将全国划分为285个小选举区，每区选出1名议员。全国共计285人。	选区以都道府县为单位，每个选区内选出2—8名议员。全国共计146人。
比例代表制	将全国划分为11个大的比例区，每个区选出议员人数不等。全国共计180人。	在全国范围内进行选举。全国共计96人。

4. 选举

参加选举的候选人进行的一切选举相关活动需遵从《公职选举法》规定的选举规则。一般来说，包括选举公示日在内，众议院的选举为期12天，参议院的选举为期17天。

选举活动的内容包括张贴宣传海报、增加电视宣传、开办个人演讲会、进行街头演说，还有站在宣传车上用喇叭进行呼吁和宣传等。《公职选举法》禁止候选人登门拉票和向市民发放资料或物品等。选举原则上当日唱票，并通过电视等媒体形式公布选举结果。

5. 选举投票率低

如今，日本国民对于国家选举、地方选举投票的参与率较低。特别是20至30岁的年轻人的投票率非常低，他们表示自己对政治毫不关心，对投票也没有兴趣。2014年日本国会众议院的投票率仅有52.7%，创第二次世界大战后投票率新低。尽管投票率随着选举的受关注度有所变化，但是选民的投票率整体还处于偏低水平。自1990年的众议院选举以来，20至30岁年轻人的投票率未曾超过50%。

Topic 2 日本的政党

政党是一个团体，团体中的所有成员拥有相同的政治目标和意识形态。日本存在各种各样的政党，它们的政治方针和政治目标也是互不相同的。本节对日本的政党进行介绍。

1. 执政党与在野党

日本政治体制的总体特征是实行议会内阁制，内阁对国会负责。执政党是指在议会竞选中获得多数议席，从而负责组织内阁、掌握国家政权的政党。与执政党相对的政党为在野党。由议会中占多数席位的一个政党组成的内阁被称作单独内阁，而由议会中构成多数席位的几个政党联合组成的内阁被称为联合内阁。

如今，日本的内阁为自由民主党和公明党的联合内阁，两党共同执政。内阁首相为自由民主党总裁安倍晋三。

执政党真正执掌国家行政权和立法权，而在野党的主要作用在于监督执政党，向执政党提出反对意见，参与议案探讨等。如今日本的在野党主要有民进党、日本维新会、日本共产党等。

2. 日本政党的发展历史

1955 年，日本自由党和民主党合并成自由民主党。自合并之日起，自由民主党连续 38 年单独执政。1993 年的众议院选举中，自由民主党虽然仍为国会内第一大党，但是未能取得众议院半数以上席位。因此，自由民主党创党以来首次沦为在野党，除自由民主党与日本共产党之外的政党开始共同执政。但是，新政权时间不长，1994 年，自由民主党与日本社会党、新党组成联合政权，重新夺回执政党地位。

2009 年 8 月，民主党作为在野党赢得选民支持，在众议院选举中取得半数以上议席，在日本政治历史上首次实现在野党战胜执政党，获得组阁权。而自由民主党由于选举惨败，再度成为在野党。然而，由于政策上的不断失误，民主党在新一轮众议院选举中失利，政权重新交予自由民主党。直至今日，自由民主党仍旧牢牢掌握日本的执政大权。下图为 2016 年 8 月的日本国会议员构成。之后，日本众议员议席削减为 465 席。

国会议员势力图（2016 年 8 月）

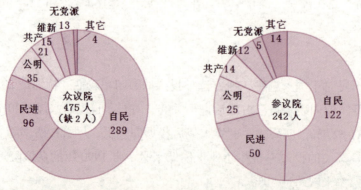

3. 日本的政党

日本存在各种各样的政党，每个政党所主张的政治方针和思想都有不同。截止至2016年8月，在日本国会中占有议席的政党共有10个，自由民主党和民进党是日本的两大政党。

另外，值得注意的是，由于政党的聚散离合，力量消长，如今日本的无党派阶层（不支持任何政党）人数正在不断增加。

日本主要的政党（截至 2016 年 8 月）

政党	政党首领	政党的政治思想及特征
自由民主党 （1955 年—）	安倍晋三	保守主义、自由主义、反共主义、政治路线中间偏右 长期作为执政党掌握日本政权
民进党 （2016 年—）	冈田克也	社会自由主义
公明党 （1964 年—）	山口那津男	中间路线 创价学会是支持公明党的主要团体
日本共产党 （1922 年—）	志位和夫	社会主义、共产主义、科学社会主义 日本历史最久的政党
日本维新会 （2015 年—）	松井一郎	经济自由主义、政治路线中间偏右 前身为脱离维新党的议员、首领组成的大阪维新会（2016 年 8 正式更名）

4. 对于政党政治的批判

日本实行一党执政下的多党制，各个政党在议会中提出各自的议案，共同探讨国家政策。但是，现在日本社会上对于政党政治的批判也愈加强烈。例如，如今的选举活动过于重视政权的掌控和选举的结果，而并没有反映日本国民的真实意愿；选民常以候选人为衡量标准进行投票而忽略了其所属党派；自己看好的候选人却不在期望的政党当中；普通民众很难理解政党方针等。

日本共产党

日本共产党于1922年7月15日成立，是日本国会中成立时间最早的政党。日本共产党在建党初期屡遭取缔和解散，直到1945年才取得合法地位。现在，日本共产党拥有约30万党员，2700位地方议员，是全世界资本主义发达国家中规模最大的共产主义政党。日本的政党当中，只有日本共产党不接受企业团体捐款、政党补助等政治献金，活动经费仅依靠机关报《赤旗报》的收入、党员的党费和个人捐款。

Topic 3 日本的地方自治

地方自治是指在一定的领土范围之内,地方公共团体按照当地居民的意志自主处理本区域内的行政事务。本节对日本的地方公共团体和具体的自治方式进行介绍。

1. 日本的地方自治

日本的政治可以分为国家政治和以都道府县、市町村为单位的地方政治。地方自治是指当地居民自主处理本区域的政治事务,由地方公共团体(地方自治体)负责实行地方自治。日本的地方公共团体分为地方自治体(都道府县、市町村等)和特别自治体(东京23区或相关协会)。日本制定了《地方自治法》,对地方自治的相关事项做出了明确规定。

地方公共团体	
地方自治体	特别自治体
·都道府县 ·市町村(市、町、村)	·特别区(东京23区) ·地方公共团体的协会 ·财产区

2. 地方公共团体的职责

地方公共团体的职责涉及生活、环境、社会等与当地相关的各个方面。1999年,日本为实现地方分权,制定了《地方分权总括法》,将诸多国家的权力交予地方公共团体。于是,地方公共团体开始拥有自己的特权,制定符合区域特点的政治策略。

3. 地方自治的构成

地方公共团体可分为两部分,被称为地方议会的决议机关,以及实际处理行政事务的执行机关。地方议会又可分为都道府县议会和市町村议会,议会实行一院制。议员由当地居民直接选举产生,一般任期为4年。如遇特殊情况,地方议会有可能被迫中途解散。

地方公共团体的主要职责
1. 教育文化:运营公立学校、图书馆、公民馆。
2. 社会福祉:提供住宅,运营保育所、养老院。
3. 保健卫生:运营医院,组织保健所的活动。
4. 公营事业:管理公共交通、供水设施。
5. 公共事业:建设道路、桥,修复河川。
6. 安全防御:协助消防和警察相关工作。

地方议会负责制定、修改和废除本区域的法律条例,进行区域财政预算等。执行机关下设附属机构,并由都道府县知事(区域首长)、协助知事工作的副知事和副市町村长负责管理。都道府县知事由当地居民直接选举产生,任期为4年。地方自治过程中,当地居民拥有直接参加政治活动的"直接请求权"。

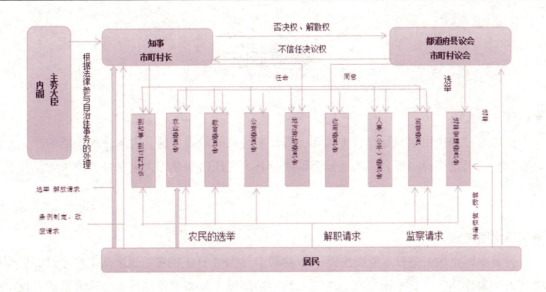

4. 地方自治的问题

如何为居民打造一个和谐宜居的生活环境是地方公共团体工作中的一个重点。为此，很多自治体着重提高生活便利度、完善育儿设施、保护区域资源等。然而，地方公共团体在进行自治的过程中却遇到了各种各样的问题，如少子老龄化、产业发展、人员雇佣等。

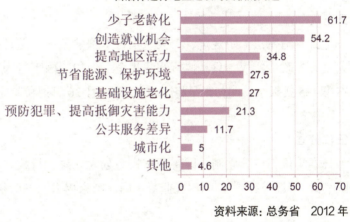

市政厅和公民馆将一些方便居民生活的信息刊登在主页上。另外，地区的公民馆还会定期无偿举办癌症等疾病的诊察以及与生活相关的讲座。

外国人的参政权

目前，日本尚未赋予外国人参政权（选举权、被选举权）。在日韩国人等特别永住者和一般永住者均无权干涉日本国内政治事务，外国人若要取得参政权必须首先取得日本国籍。取得日本国籍后方可参与日本政事，日本首位华裔大臣莲舫即于1985年加入日本国籍，现为民主党参议院议员。但是，有些地方自治体对参与投票的居民国籍没有明确规定，因此个别自治体允许外国人参与选民投票。在是否赋予外国人参政权一事上日本的各个政党之间产生了较大的意见分歧，尚无定论。

重要词汇

◆ **内阁总理大臣**

日本的总理大臣也被称作日本首相，是日本行政的最高首脑。内阁总理大臣的产生方式是在国会议员之中择一提名，再经国会议决指名。现任内阁总理大臣是自由民主党总裁安倍晋三。

◆ **《日本国宪法》**

《日本国宪法》是日本最高法规，自 1947 年 5 月 3 日正式实施以来从未修改过，至今仍发挥着重要作用。《日本国宪法》的三大原则是国民主权（主权在民）、尊重基本人权（保障人权）和和平主义（放弃战争、不拥有陆、海、空等战争力量）。

◆ **天皇**

《日本国宪法》中规定，"天皇是日本国的象征，是日本国民整体的象征"。如今，日本天皇并无政治实权，只是执行宪法规定下的相关国事行为。日本现任君主为明仁天皇，是日本第 125 代天皇。明仁天皇将于 2019 年 4 月 30 日退位。

◆ **三权分立**

日本实行三权分立制，即将国家权力分为立法、行政和司法，并分别交由国会、内阁、法院掌管。三个权力主体间相互监督，确保国家权力的平衡和制约，避免权力过于集中。

◆ **内阁**

内阁是国家行政最高机关，由内阁总理大臣和其他国务大臣组成。内阁基于议会决定行使行政权，对国会负连带责任。内阁总理大臣享有国务大臣的任免权。

◆ **众议院与参议院**

日本的国会实行两院制，由众议院和参议院组成。日本的国会议员分为众议院议员和参议院议员，均通过选民投票选举产生，但是人数和任期有所不同。

◆ **执政党与在野党**

执政党是指在议会竞选中获得多数议席，从而负责组织内阁、掌握国家政权的政党。与执政党相对的政党为在野党，两股势力相互对抗。在野党的主要作用在于监督执政党、审议政策等。

练习题

基本问题

问题1　日本宪法的三大原则是什么？

问题2　比较日本首相与美国总统，说明二者的不同点。

问题3　试说明执政党与在野党之间的关系。

问题4　请说明众议院和参议院的不同之处。

问题5　日本的地方自治体在进行地方建设的过程中遇到了哪些问题？

应用问题

问题1　日本内阁由哪些成员组成？试查阅日本国务大臣的相关资料。

问题2　有人提出"日本的年轻一代对政治漠不关心"，查阅相关资料并解释其原因。

问题3　请查阅至今为止与中国关系密切的日本首相的相关资料。

专栏 ⑫　日本为何频繁更换内阁首相？

和其他发达国家相比，日本更换内阁首相的频率非常之快。自2000年以来，日本已经更换了8届内阁首相，进入平成时代开始的26年间，首相已更换了17届。那么，为什么日本会如此频繁地更换内阁首相呢？

内阁总理大臣是国会议员之中一员，并经国会指名产生，日本的宪法中却没有规定总理大臣的任期。然而，一般来说，总理大臣的任期与各个政党总裁的任期是一致的。如今，自由民主党总裁的任期是3年，一旦上任时期满3年，无论总理大臣是否在位，日本都会重新进行政党总裁选举和议员选举。

但是，进入平成时代开始，日本的总理大臣中，只有小泉纯一郎因任期届满而卸任自由民主党总裁一职。日本总理大臣的人均在位时间不足一年半，尚未达到任期则因各种情况辞去了职务。其中，在位时间最长的是小泉纯一郎，他的执政时间长达5年4个月（第一届至第三届）。

近年来的总理大臣的更换理由主要有因病辞职、众议院选举后发生了政权交替和政策失误。其中，很多位总理大臣都是由于政策制定失误而不得不引咎辞职。这是因为泡沫经济崩溃导致日本长期经济萧条和政治动荡，影响政治家们进行正确判断和决策。由于日本的众议院选举和参议院选举分别进行，较其他国家相比日本的国政选举次数较多，民众对于政治的批判也多了起来。加之日本媒体近年来数次进行民意调查，过分强调内阁支持率，政治家们也开始变得比较敏感。

频繁更换国家的领导人会使得国家的政治方针发生急剧变化，更会对国民的正常生活产生负面影响。

日本近年的内阁总理大臣

届数	总理大臣	政党	时间	合计天数
87任	小泉纯一郎	自民党	2001.4—2003.11	938日
88任			2003.11—2005.9	673日
89任			2005.9—2006.9	371日
90任	安倍晋三	自民党	2006.9—2007.9	366日
91任	福田康夫	自民党	2007.9—2008.9	365日
92任	麻生太郎	自民党	2008.9—2009.9	358日
93任	鸠山由纪夫	民主党	2009.9—2010.6	266日
94任	菅直人	民主党	2010.6—2011.8	452日
95任	野田佳彦	民主党	2011.8—2010.12	534日
96任	安倍晋三	自民党	2012.12—2014.12	
97任			2014.12—2017.11	
98任			2017.11至今	

第十三章　日本的大众媒体

日本是世界屈指可数的读报大国?!

　　日本的大众媒体包括电视、报纸和杂志等，这些媒体对日本人的生活和舆论产生了重要影响。近年来，随着网络的普及，人们可以随时随地获取各种信息，时代的前进和发展也促使各种媒体不断创新和进步。本章围绕日本的四大传播媒体，重点介绍各种大众媒体的特征，分析其现状和需要关注的问题。

> **关键词**
>
> 四大传播媒体　核心局　著作权　个人隐私权　肖像权
> 数字广播电视　按户送报制度　记者俱乐部　交叉持股

基本信息 ◆ 日本的大众媒体

日本的大众媒体——四大传播媒体

大众媒体（mass media）是指向民众传递信息的媒体，主要媒介包括报纸、杂志、电视、无线广播和网络等。日语中的"マスコミュニケーション"，简称「マスコミ」，是通过媒体传播信息之意。

电视、报纸、杂志和广播是日本的主要媒体，向大众传递日新月异的信息，被称为"四大传播媒体"。

1. 电视——公共与民营

● 公共电视媒体

由NHK（日本广播协会）负责制作和播出节目。

公共电视频道以收视费为主要财源，因此不插播商业广告，也不收取任何广告费用。

● 民营电视媒体

民营广播电视局主要依靠收取广告费用来维持运营，不收取收视费。日本有五大民营电视台，被称作"核心局"。核心局制作的大多数节目也会在各个地方台播出。近年来，日本年轻人几乎不怎么收看电视节目，因此，日本电台的收视率也在逐年下降。

日本的电视局（数字广播电视）

<公共>
  NHK（综合、教育）

<民营>
  ◆ 核心局
    日本电视台　TBS
    朝日电视台　富士电视台
    东京电视台
  ◆ 地方台
    每日广播　关西电视台
    读卖电视台　等

2. 报纸——按户送报制度

日本的报纸可以大致分为综合性报纸（内容涉及广泛）和专业性报纸（体育、产业等特定领域的内容）。综合性报纸又可以分为全国范围内发行和销售的全国性报纸，以及地区限定发行的地方性报纸。其中，跨几个县发行销售的报纸被称作"区域报纸「ブロック紙」"。

日本的报纸销售方式以按户送报制度为主。客户订阅一段时期的报纸，每日早上就会有专门的服务人员把报纸送到客户的家中。另外，日本的商店和便利店也会出售多种类型的报纸。

日本的报纸（综合性报纸）

<全国性报纸>
  读卖新闻　朝日新闻
  每日新闻　产经新闻
  日本经济新闻

<地方性报纸>
  区域报纸
  北海道新闻　中日新闻
  西日本新闻　东京新闻
  河北新报　中国新闻

3. 杂志——发行数量及广告收入锐减

　　日本的书籍、杂志等出版物的种类繁多，数量庞大。直至1996年，出版物的销售量一直稳步增加，1989年的销售额甚至超过了2兆日元。但是，近年来，媒体的发展趋向多元化，加之排斥文字的日本人增加，出版业发展停滞不前，销售额逐年降低甚至出现负增长。

　　日本杂志的种类十分丰富，可以满足各个年龄层人群的阅读需求。但是，由于发行量和广告收入的减少，很多杂志不得不停刊。日本的杂志当中，漫画类杂志的发行量最大。另外，互联网的普及造就了如今电子杂志事业的蓬勃发展，也为读者提供了更加便捷的阅读方式。

日本的主流杂志

<综合杂志>
综合月刊　写真周刊
男性周刊　女性周刊

<专业性杂志>
文艺杂志　经济杂志
科学杂志

<兴趣类杂志>
时装杂志　漫画杂志
体育杂志　游戏杂志
美食杂志　成人杂志

<信息杂志>
电视信息杂志　FM信息杂志
招聘信息杂志　城市信息杂志

---

4. 无线广播——广播收听量降低

　　日本的无线广播分为公共广播电台（日本广播协会NHK）和位于地方的民营广播电台。其中包括我们所熟悉的FM、AM和短波广播。日经广播电台和中国可以收听到的NHK环球广播电台都属于短波广播。

　　广播可以向人们传播信息、提供娱乐，但是日新月异的媒体发展使得人们只有在开车的时候才会想起收听广播。无线广播局如今开始与时俱进，推出了播客（podcast）等网络广播或类似的网络声讯节目。

5. 互联网——新型媒体、使用人群广泛

　　互联网虽然不属于日本的四大传播媒体，但是近年来，随着互联网的不断发展，使用人群范围也在逐渐扩大。可以说，互联网已经成为现代人生活中不可或缺的一个重要部分。如今，人们不再拘泥于单一媒介，而是可以通过多种方式获取外界信息，各个媒体受此影响，广告收入均有所减少，然而互联网的广告收入却是在逐年增加。

　　时代的前进和发展促使日本四大媒体不断地创新和进步。互联网广播、网络新闻等以网络作为媒介的传播方式正在为大众广泛接受与使用。

　　现在，在日本受欢迎的搜索引擎有雅虎日本、谷歌等。受欢迎的新闻网站有雅虎新闻、livedoor新闻和由报社提供的朝日新闻电子版及时事网站。视频网站中，人们经常使用的有YouTube，GyaO和niconico视频等。

日本主要的广播局

<AM广播局>
日本放送
文化放送
TBS广播
NHK第一直播间

<FM广播局>
TOKYO FM
J-WAVE

<短波放送>
日经广播（NIKKEI广播，日本国内放送）
NHK日本世界广播（国际放送）

Topic 1 报道自由与权利问题

日本相关的法律条文保障媒体报道的自由权利。因此，各个媒体可以自由地进行前期采访和内容报道。但是，日本的媒体界对于报道的内容也有着一些特别的限制规定。

1. 报道自由

报道自由是指媒体可以通过各种媒介自由向民众传播真实信息。《日本国宪法》第 21 条赋予了日本国民知情权，而各大媒体正是公民知情权得以实现的重要途径。报道自由和采访自由是媒体独享的特殊权利。

同时，《日本国宪法》还保障了本国公民言论、结社、出版及其他一切表达的自由权利。因此，日本国民可以自由集会、出版书籍，甚至对国家政治进行批判。媒体的发展，也为日本民众的自由表达和政治参与提供了新的渠道。

2. 报道协定

日本虽然赋予了媒体自由报道的权利，但是在某些特殊情况下，各个媒体需要严格遵守报道协定，暂时停用手中的报道自由权。

报道协定是指当采访报道活动可能给绑架、劫机等事件的受害者带来人身危害时，媒体约束和控制自己采访报道活动的一种协定。报道协定是由报道机构与警方在相互信赖和合作的基础上实行的。根据报道协定，日本媒体停止采访行为的情况，至今发生过约 60 起。

3. 报道禁忌

日本的法律保障媒体报道的自由权利，原则上来说是不存在报道禁忌的。但是事实上，日本的媒体面对某些特殊事件还是会控制自己的言论，对报道的内容也会适当有所保留。

例如，与日本皇室相关的报道，往往会在整个日本社会引起很大反响，因此各个媒体通常会在确认事实之前谨慎言行。另外，对于赞助商、记者俱乐部以及媒体自身的评论言语都是报道中的禁忌。

4. 传播信息涉及的权利问题

日本的法律保护国民的著作权、隐私权和肖像权。若电视、报纸等媒体编辑报道内容，或是普通民众通过互联网发布信息时，侵犯到这些权利，则都会受到法律的相应制裁。各个国家对于侵权的认定标准有所不同，尽管近年来，日本国民的"反侵权意识"越来越强，但是从目前的法律规定看，日本对于著作权、隐私权和肖像权等权利的保护制度尚不完善。

① 著作权
　　著作权是知识产权中的一部分。法律规定，未授权的第三方不可擅自使用文艺、学术、美术、音乐等创作型的表达思想或感情的作品。

　　将他人著作的内容擅自复制或是刊登在网络上都属于侵犯著作权的行为。音乐相关的著作权由日本音乐著作权协会（JAS RACK）负责管理，未授权第三方（媒体、KTV 等）若要使用或播放音乐均需向原作者支付一定的著作权使用费。日本规定的著作权原则上存续期间为从创作时期至著作人去世后 50 年，电影的著作权存续至电影公映后 70 年。

② 隐私权
　　隐私权是指自然人享有的个人信息不可被他人非法公开的一种人格权。

　　日本为确保日本国民的个人隐私不受侵犯，于 2005 年正式开始实施《个人情报保护法》。有了这项法律保护，除公职人员或公开事务外，若第三方擅自曝光个人的私人生活则很有可能被起诉。主观上恶意散播他人信息的行为实属侵犯隐私，然而这却与各个媒体争相呼吁的"言论自由、表达自由"相互冲突。那么，如何有效协调二者之间的冲突，如何完善各项法规才能使各种基本权利均能得到宪法的保护等问题值得相关部门探讨与协商。

③ 肖像权
　　肖像权就是自然人所享有的，对本人肖像中所体现的人格利益为内容的一种人格权。法律规定，未经本人同意，任何人不得擅自拍摄或使用其肖像。

　　日本的相关法律规定，每个人都有权使用或禁用自己的肖像。因此，媒体在使用某人照片或影像之前，需要征得本人的同意。最近的电视节目为避免侵犯他人侵私权，会对拍摄到的人员进行马赛克处理。法律规定，未经本人同意，擅自在网络上公布他人照片属于侵犯肖像权的行为，但是，若本人没有对此进行起诉，则不构成侵权行为。如此看来，法律上对于侵犯肖像权的判定尚不明确。

Topic 2　日本的电视与报纸

在日本的大众媒体当中，电视和报纸对日本国民的影响力十分之大，可以说是日本媒体的核心。本节对日本电视和报纸的特征进行详细介绍。

日本的电视

1. 模拟电视退出历史舞台

2012年3月，日本正式停止模拟信号转播，日本所有地区的模拟电视被地面数字电视全面取代。

地面数字电视通过传送电子数据，可以向消费者提供更高质量的图像、声音以及字幕提示，还可以实现单频道多节目播出。日本电视台正在不断提升数字电视特有的功能与服务，如引进智力竞赛、问卷调查等。

2. 日本人常看的电视节目

日本人平常收看的电视节目类型包括新闻报道、电视剧和综艺等，宽秀（由几个部分构成，一名或数名主持人担任掌握进度的角色，并进行统合总括）在主妇和老年人中间也备受欢迎。

每年在大年夜播放的"NHK红白歌会"都获得较高的收视率，足球世界杯和奥运会等特别的体育赛事也多在年收视率中占据高位。2015年的年收视率排行榜中，红白歌会占据首位，紧随其后的是正月的东京箱根大学生接力赛和NHK的连载电视小说《阿浅来了》。

同中国的电视剧不同，很多日本电视剧的长度只有10集。2013年播放的电视剧《半泽直树》的剧终集收获了42.2%的高收视率。近年来，除受特别关注的电视剧之外，电视剧整体上收视率低迷。在2015年民营媒体播放的电视剧中，获得了最高收视率的是《下町火箭》，收视率为22.3%。

3. 电视的收视时间

日本总务厅的信息通信统计数据显示，2013年日本人的平均收视时间为工作日3小时48分钟，周日4小时12分钟。和其他国家的人相比，日本人的收视时间较长，因此日本人被称为"最爱看电视的国民"。

然而，现在已经不是"在家就只能看电视"的时代了，互联网、电视游戏、DVD、网络聊天等，随着时代的改变，在家里除电视以外还有很多其他的娱乐方式。现在以年轻人为主，对于电视的疏离程度也在加剧。无论哪个年龄阶段，基本不看电视的人不断增加，因而电视的收视率呈下降趋势。

日本的报纸

1. 日本是世界屈指可数的读报大国

日本的报纸发行量位居世界第三，仅次于人口大国中国和印度。平均发行量（以千人为单位）也远高于其他国家。日本的日刊报纸中，《读卖新闻》和《朝日新闻》的发行量分别名列全球第一和第二。可见，日本确确实实是一个新闻报纸大国。

日本报纸的发行量如此之大的原因之一是日本形成了较完善的报纸销售体制，该体制以"按户送报制度"为主，使报纸逐渐融入日本人的日常生活当中。然而，随着互联网的普及，人们可以通过多种渠道获得信息，日本的年轻人也因此逐渐不再阅读报纸。受此影响，日本报纸的发行量自2005年起连续10余年大幅减少。

不同国家日刊报纸的发行总量比较（前五）

排名	国家	发行总量	平均千人发行量（成人）
第1	中国	12006万份	110份
第2	印度	11289万份	130份
第3	日本	4786万份	431份
第4	美国	4572万份	183份
第5	德国	1802万份	254份

资料来源：WAN-IFRA 2012年

世界的日刊报纸发行总量

排名	报纸名称、国家	发行总量
第1	读卖新闻（日本）	1000万份
第2	朝日新闻（日本）	750万份
第3	The Times of India（印度）	380万份
第4	每日新闻（日本）	350万份
第5	参考消息（中国）	310万份

资料来源 WAN-IFRA 2011年

2. 按户送报制度

日本全国约有1万8000家报纸销售店，负责与报社签订合同，销售报社出版的报纸。报纸销售店分为三种，仅与一家报社签订合同并负责销售的"专卖店"、与多家报社签合同并负责销售的"复合店"，以及销售当地所有报纸的"合卖店"。

所谓的"按户送报制度"是指，客户与销售店签订送报合同，由销售店派专人每早将报纸送到客户的家中。可以说，按户送报制度保证了日本报纸的销售总量，同样也为报社提供了稳定的阅读群体。但是，在成熟的送报制度下，依靠刊登独家、热点新闻从而提高销售额的销售手段似乎不再适用。

3. 报纸的价格

日本报纸的价格根据其种类有所不同。一般来说，晨报大约是130日元，晚报大约是50日元。与报纸销售店签订合同的客户可以享受一定优惠，支付大约4000日元即可订阅一个月的早晚报，若仅订阅晨报或统合版则只需3000日元左右。和中国相比，单份报纸的定价比较高，但是一天只要130日元就可以阅读到晨报和晚报两份报纸，还可以免费享受送报上门的服务，还是比较划算的。近年来，为应对新媒体的崛起，有些报社已经推出了电子版的报纸。

Topic 3　媒体在发展过程中的问题

日本大众媒体的限制较少，可以较自由地进行报道和出版。但是，媒体在不断发展的过程中，记者俱乐部、交叉持股、收视率和销售额等方面也出现了越来越多的问题。

1. 记者俱乐部的存在意义

记者俱乐部是指为方便获得一手信息，专门在政府机关、警局等处设立办公地点的记者组织。没有加入记者俱乐部的记者（如自由撰稿记者、杂志记者、国外媒体）不能进行采访，也获取不了全面的新闻信息。对此，有人指出，记者俱乐部虽然传播了真实信息，但是内容却大同小异。

另外，记者若是刊登了某些负面报道或是批判性新闻，则有可能失去采访资格，媒体也很难保证其原本应该发挥的舆论监督作用。

2. 交叉持股引发的问题

在日本，报社持有广播电台的绝大多数股份，核心局在地方又拥有一系列的当地电台，各个机构间相互参股，因此形成了"报社—电视总局（核心局）—地方电台"的纵向体系。例如，"读卖新闻—日本电视台—读卖电视台"。这种现象被称为"交叉持股"。

媒体的交叉持股是会使舆论趋同，报社既不会批判电视台的问题所在，电视台也同样不会曝光报社的所作所为。然而，报社与电视台原本应该是彼此独立的机构，为了更好地发挥两机构间的互相监督作用，很多国家明令禁止机构之间交叉持股。

3. 过分重视收视率

日本的民营电视媒体依靠广告收入维持电视台的运作。如今，越来越多的民营电视媒体为了赚取更多商家的广告费，只关注收视率的高低而忽略节目的质量。由于节目预算多用于聘请明星，电视台不得不压缩制作环节成本，拉低了节目的质量。

很多观众也表示"现在的电视节目质量低下，没内涵""电视台播出的节目大同小异"。如果广告的收入减少的话，用于节目制作的费用也将会被削减。20世纪80年代后期的泡沫经济期间广告收入较多，各民营电视台启用大规模的节目布景与豪华的演出阵容。而现在由于控制节目经费，小规模的节目有所增加。与民营电视台不同，NHK是靠收取广播收视费来运营的公共广播，所以在制作节目时会花费较多时间和经费，节目质量相对较高。

4. 内容受赞助商的限制

大众媒体的主要收入依靠订阅费和广告费。泡沫经济期间，日本媒体可以依靠赞助商获得高额的广告费。然而近年来，日本经济发展放缓，除互联网之外，各个媒体的广告收入均在逐年减少。

因此，各个媒体不得不珍惜现有的赞助商，不会轻易发布对赞助商有负面影响的报道。即使赞助商没有向媒体方面施加直接压力，一旦赞助商要求终止广告合约，那么就会对媒体的运作造成不可忽视的影响。

受近年来经济发展缓慢的影响，媒体赞助商"一家难求"，为留住现有的赞助商，很多电视台不得不在节目中大力宣传赞助商的产品。对此，很多人提出了反对意见，认为如今的节目，报道内容受到赞助商的限制，过度宣传广告，并不利于信息的公正传播。

媒体的广告费

媒体	2007 年	2017 年
总计	7 兆 0191 亿日元	6 兆 3907 亿日元
电视	1 兆 9981 亿日元	1 兆 9478 亿日元
报纸	9462 亿日元	5147 亿日元
杂志	4585 亿日元	2023 亿日元
无线广播	1671 亿日元	1290 亿日元
互联网	6003 亿日元	1 兆 5094 亿日元

资料来源：电通、日本的广告费用

5. 媒体报道的客观性

对于日本人来说，大众媒体的影响非常大，民意通常受大众媒体左右。从言论 NPO 的《第 10 次中日共同民意调查》（2014 年）来看，在有关中日关系的"本国的媒体报道是否客观公正"的调查中，认为"报道客观"的日本人占 26.8%，相比起中国的 73.9% 的比率来说相当低。

这个结果可以归咎为日本人对于媒体报道要求较为严格，但也有人批评说杂志和电视等为了提高购买率和收视率而一味报道吸引国民眼球的内容，本应报道的东西却未能如实报道，可以说这对中日关系产生了一定影响。

您认为本国的媒体对中日关系的报道客观吗

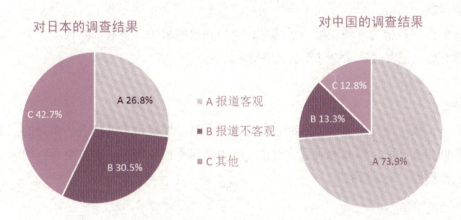

资料来源：言论 NPO《第 10 次中日共同民意调查》 2014 年

重要词汇

◆ **四大传播媒体**

大众媒体（mass media）是指报社、出版社和广播电台等向民众传递信息的媒体，电视、报纸、杂志和广播是日本的主要广告媒体，被称为"四大传播媒体"。

◆ **核心局**

日本有五大民营电视台，分别为日本电视台、TBS、朝日电视台、富士电视台、东京电视台，这5家电视台被称作"核心局"。核心局制作的大多数节目也会在各个地方台播出。

◆ **报道自由**

报道自由是指媒体可以通过各种媒介自由向民众传播真实信息。《日本国宪法》的第21条赋予了日本国民知情权，而各大媒体正是公民知情权得以实现的重要途径。

◆ **地面数字电视**

2012年3月，日本正式停止模拟信号转播，日本所有地区的模拟电视被地面数字电视全面取代。地面数字点数通过传送电子数据，可以向消费者提供更高质量的图像、声音服务。

◆ **按户送报制度**

"按户送报制度"是指，客户与销售店签订送报合同，由销售店派专人每早将报纸送到客户的家中。可以说，按户送报制度保证了日本报纸的销售总量，同样也为报社提供了稳定的阅读群体。目前，日本全国约有1万8000家报纸销售店。

◆ **记者俱乐部**

记者俱乐部是指为方便获得一手信息，专门在政府机关、警局等处设立办公地点的记者组织。没有加入记者俱乐部的记者不能进行采访。

◆ **交叉持股**

在日本，报社持有广播电台的绝大多数股份，核心局在地方又拥有一系列的当地电台，各个机构间相互参股，因此形成了"报社—电视总局（核心局）—地方电台"的纵向体系。这种现象被称为"交叉持股"。

练习题

基本问题

问题1　请列举日本的核心局。

问题2　请简要说明著作权是一种怎样的权利。

问题3　日本的报纸订阅率比较高的原因是什么？

问题4　记者俱乐部在发展过程中出现了哪些问题？

问题5　为什么日本的电视台十分重视收视率？

应用问题

问题1　试了解日本都有哪些专业性杂志？

问题2　中国为保护著作权，制定了哪些对策？

问题3　请阐述日本电视剧和中国电视剧的不同之处。

专栏⑬　日本的体育报纸着实引人注目

体育类报纸是一种十分常见的报纸类型，世界各地均有发行和销售。但是，日本的体育报纸一定会让外国人大吃一惊。走进日本的车站商店或便利店，首先映入眼帘的一定是各种各样的体育报纸。或许只有日本这个国家，才会如此重视体育新闻的传播，店中销售的体育报纸数量明显多于其他类型的报纸。

日本的家庭通常会订阅综合性报纸，而体育类报纸一般是现场销售，因此竞争十分激烈。如今，为了吸引更多读者，提高销售额，各家体育报社都会在头版的设计上大花心思，读者甚至从很远的地方就能看到版面上的各种照片和显眼的大标题。

报纸的内容以棒球和足球等体育信息为主，还会涉及文艺、杂谈、娱乐、垂钓、风俗和彩票等综合新闻。其中，有关棒球和赛马的新闻信息非常详尽，甚至占满整个版面。

现在，在日本全国范围内销售的体育报纸有《体育日刊》（朝日新闻社）和《日本体育报》（每日新闻社）等，其他非专门性体育信息都仅属于综合报纸当中的一部分。体育报纸的定价通常和综合报纸一样，都是130日元。2016年，日本综合性报纸（日刊）的发行总量为3983万份，体育报纸的发行总量为346万份。

体育报纸在传播体育文化过程中发挥着巨大的作用，同时也为日本人的日常生活提供了娱乐。近年来，日本的体育报纸发行量有所减少，但是对于日本的体育迷来说，体育报纸已经成为生活中不可或缺的一部分。

日本主要的体育报纸
《体育日刊》
《日本体育报》
《东京体育报》
《中日体育报》
《产经体育报》
《体育报知》
《每日体育报》

第十四章　日本的学校教育

日本的中小学下午三点半左右就放学了吗？

教育对于培养优秀的下一代起着至关重要的作用，关系到一个国家的兴衰。日本中小学的课程通常在下午三点半左右结束，之后为社团活动时间。除了课堂教学，日本学校还会安排修学旅行和社会实践等体验学习活动。那么，日本为什么会设置如此多的活动呢？本章将重点围绕日本的初等教育、中等教育来介绍日本教育的特征以及与中国教育的不同点。

> **关键词**
>
> 义务教育　就学率　文化节（学园祭）　修学旅行　特别活动
> 社会参观与实践　学校活动　社团活动　兼职打工

基本信息◆日本的学校教育

1. 日本的教育体系——小学初中为义务教育

特点① 义务教育入学率几乎 100%
特点② 国家规定各阶段的入学年龄
特点③ 高等院校的入学率逐年提高

日本国民的三大义务是接受教育、自觉纳税和进行劳动。可见，日本向来十分重视教育。日本的义务教育为 9 年，其中小学 6 年，初中 3 年。这一点与中国相同。日本的公立小学和中学免收学费和书费，义务教育入学率几乎达 100%。

日本的教育体系和中国比较接近。6 岁之前进入保育园和幼儿园，6 岁之后依次进入小学、初中、高中和大学接受教育。另外，日本规定了各个教育阶段的入学年龄，保证同年入学的学生几乎同龄。

战后，日本的高中、大学的入学率逐年提高，越来越多的人开始接受高等教育。如今，日本高中的入学率达到了 97%，大学的入学率超过 50%。

日本的教育体系

教育名称	教育机构	入学年龄	学习年限
制度外	保育园	0 岁	
学前教育	幼儿园	3 岁	
初等教育	小学	6 岁	6 年
中等教育	中学	12 岁	3 年
	高中	15 岁	3 年
高等教育	大学（本科）	18 岁	4—6 年
	大学（硕士）	22 岁	2—5 年
	短期大学	18 岁	2—3 年
	高等专业学校	15 岁	5 年
特别教育学校	专为身体有某种障碍的学生设置的教育机构。可接收不同教育阶段的学生。		
专修学校	培养某种职业或生活上必需的能力。		

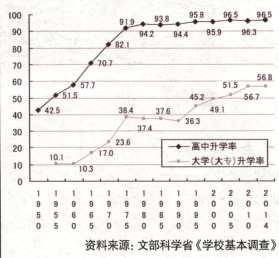

高中和大学的升学率

资料来源：文部科学省《学校基本调查》

2. 课程内容——开展丰富的课外教学活动

特点① 课程内容较为统一
特点② 开设绘画、家庭课、技术、道德等课程
特点③ 开展各种体验学习活动

日本在初等教育和中等教育阶段开设的课程内容与中国相似，但是课堂时间以及课程数量与中国不同。另外，日本还会经常开展较为独特的课外活动。

日本从幼儿园到高中均会严格按照文部科学省出台的教育指导要领设置课程内容，不同地区的学校进行的课程教育较为统一。其中比较特殊的是日本高中的课程设置。有些高中除普通课程之外，还会增加专业教育课程，传授专业领域知识技能，如工业、商业、农业和水产等。

日本的课程设置有着其独特的特点。比如说，学校会开展综合性学习教育以及各种课外活动。学校通常开设绘画、家庭课、技术等提高生活能力的实践课程以及着重培养学生思想道德品质的道德课程。自 2011 年起，日本决定将原本在初中开设的英语课设为小学高年级（5、6 年级）的必修科目。

小学阶段各科目的课堂时间（一年）

	1 年级	2 年级	3 年级	4 年级	5 年级	6 年级
国语	306	315	245	245	175	175
社会			70	90	100	105
数学	136	175	175	175	175	175
理科			90	105	105	105
生活	102	105				
音乐	68	70	60	60	50	50
绘画	68	70	60	60	50	50
家庭					60	50
体育	102	105	105	105	90	90
道德	34	35	35	35	35	35
外语					35	35
综合学习			70	70	70	70
课外活动	34	35	35	35	35	35
共计	850	910	945	980	980	980

注：一堂课 45 分钟
资料来源：文部科学省《小学校学习指导要领》

初中阶段各科目的课堂时间（一年）

	1 年级	2 年级	3 年级
国语	140	140	105
社会	105	105	140
数学	140	105	140
理科	105	140	140
音乐	45	35	35
美术	45	35	35
保健体育	105	105	105
技术家庭	70	70	35
外语	140	140	140
道德	35	35	35
综合学习	50	70	70
课外活动	35	35	35
共计	1015	1015	1015

注：一堂课 50 分钟
资料来源：文部科学省《中学校学习指导要领》

3. 课堂时间——课程结束时间早

特点① 实施"每周 5 日制"教学，周末休息
特点② 课程通常在三点半左右结束
特点③ 学生放学后参加社团活动，之后回家学习

日本的小学、初中和高中实施"每周 5 日制"教学，即学生周一至周五到校上学，周末休息。

各个学校的课程时间安排略有不同。一般情况下，一节课为 45—50 分钟，早上 8 点半至 9 点左右开始学校的第一节课。放学时间并不固定，但多数学校会在下午 3 点至 4 点左右结束课程。放学后，学生进行扫除和班级活动，之后参加各自的社团活动。日本学生在进入大学之前会在家中完成作业，温习功课，一般不会选择住校。另外，由于放学后的时间比较充裕，很多学生会参加课外辅导班。

某高中的课程表

8:30—8:40	班级活动
8:40—9:30	第一节课
9:40—10:30	第二节课
10:40—11:30	第三节课
11:40—12:30	第四节课
12:30—13:10	午休
13:10—14:00	第五节课
14:10—15:00	第六节课
15:00—15:30	扫除、班级活动
15:30—17:30	社团活动

Topic 1　课外活动与学校活动

与中国学校不同，日本的学校会开展各种课外活动与学校活动。本部分着重介绍这些活动的内容和开展的意义。

1. 课外活动的内容

日本的中小学会开展各种课堂、学科教育之外的活动，这些活动是正规教育课程。学生通过各项集体活动，可以构建良好的人际关系，发展个性、培养实践态度和自理能力、加深对自己生活方式的理解。

每个学校开展的课外活动有所不同，主要有学校活动、年级活动和学生会（儿童会）等。另外，很多学校会开展参观农家或工厂等社会实践、了解本地区传统文化等体验学习活动，以及作为学生集体在外住宿训练，安排修学旅行和暑期夏令营。

2. 开展课外活动的原因

日本的教育方针旨在学生的人格形成，而并非单一关注学习能力的提高。因此，日本的学校十分重视课外活动。

学生通过参观农家，与农户进行交流和务农实践，可以加深自己对于食物和农户的感谢之情。了解本地区的传统文化可以切身感受到传统技艺的博大精深。积极参与校园文化节和运动会可以让大家学到团队精神，培养学生责任感和合作精神。远足和修学旅行可以教会学生集体行动的重要性，并且给每个人留下美好的青春回忆。

另外，学生通过参加课外活动，可以尽早地接触社会。在提高了社会实践能力的同时，也为今后的人生选择奠定了一定基础。

3. 日本的学校活动

日本的学校会举办各种特定活动。例如，入学典礼和毕业典礼等礼仪活动、文化节和合唱比赛等文化活动、运动会和球类比赛等体育活动、修学旅行等集体活动以及志愿者服务等公益性活动。

◆**文化节（学园祭）**：主要是班级或社团公开展示平时的活动成果。文化节（学园祭）中可以进行才艺表演，如跳舞、演奏、话剧。开办小吃店和咖啡厅、邀请名人举行演讲会或演唱会等。

◆**体育节（运动会）**：日本通常在春季和秋季举办运动会。学校将所有班级混合并随机分为几个团队，累加每个团队各项比赛的成绩，最终按照总成绩进行排名。

◆修学旅行：学校教职工以旅游的形式，带领儿童、学生集体在外住宿，进行社会参观和实践等活动。日本国内的修学旅行地点多会选择京都、奈良、东京、北海道、冲绳。如今，越来越多的高中开始组织学生到东南亚、东亚、美国等国家进行修学旅行。

◆林间学校：日本的小学和初中在春季和秋季之间开展的校外教育活动。主要组织学生在林间、高原等地进行集体生活和住宿，开展徒步和登山活动。

◆写生大会：组织学生绘画风景和建筑物。学生通过绘画，可以加深对于自然的认知和理解。

◆避难训练：避难训练是地震和火灾来袭时的模拟演习。这项活动旨在让参与者熟悉避难路线，并且在突发情况下，能够做到遵从指示，冷静撤离。

◆社会参观与实践：为拓宽学生的知识面，增加社会经验而组织学生参观工厂和农场，慰问孤儿院等活动。这项活动不仅可以帮助学生了解当地的产业情况，也有益于学生未来的职业选择和规划。

◆艺术鉴赏会：组织学生欣赏和体验平时接触不到的艺术和文化。例如，音乐演奏、合唱、舞台剧、落语、传统技能等。

日本学校举办的校园活动

◇礼仪活动：入学典礼、毕业典礼、开学典礼、结课仪式、结业典礼、早会
◇文化活动：文化节（学园祭）、合唱比赛、写生活动、艺术鉴赏会
◇健康安全、体育活动：体育活动（运动会）、游泳比赛、球类比赛、田径比赛、马拉松大赛、滑雪培训班、运动技能测试、体检、避难训练
◇旅行、集体外宿活动：远足、修学旅行、林间夏令营、海滨夏令营
◇劳动生产、公益活动：志愿者服务、社会参观与实践

Topic 2　社团活动

大家一定十分熟悉日本的人气漫画《网球王子》和《灌篮高手》。两部漫画都描绘了日本社团活动的真实情景。本部分带您了解日本学校的社团活动。

1. 学校内开展的社团活动

日本学校的社团活动十分丰富，志同道合的同伴跨越年级的限制，自发地组建自己感兴趣的社团。

学校认可学生开展社团活动，教师可以担任社团的顾问。有些学校规定，所有学生必须参加社团活动，但是仍有学生以学业为重不参加社团组织。也有些学生即便加入了社团也以"自己不太适合该社团"等理由不参加社团活动，甚至直接退出社团。

日本的社团活动分为运动类和文化类，积极组织成员参加各种比赛。学生在每天放学后参加社团活动，活动时间通常为两个小时。一些比较严格的社团会适当延长活动时间，或是在早上和休息日坚持训练。

2. 社团活动的目的

开展社团活动的目的在于使学生了解、亲近体育运动和文化，提高学习积极性，培养责任感和集体协作精神。学校的社团活动跨越了班级和年级的限制，学生可以了解许多课堂上学不到的知识。积极参加社团活动还有以下几点好处：

- 提高个人能力。
- 培养自主性、责任感以及集体协作能力。
- 锻炼身心，培养健全人格。
- 加深与同伴间的感情。
- 体会和学习上下级关系。
- 通过比赛与其他学校进行交流。

3. 社团活动的种类

每个学校开展的社团活动有所不同。学生人数多的学校开展的社团活动也相对比较丰富，学校规模较小则社团种类也较少，如果成员人数过少则有可能被校方中止活动。

社团活动大致可以分成运动类和文化类。运动类社团中，即使是同一运动，也通常会将男女分开进行训练。一般来说，社团活动全年开展，但是也有个别社团仅在限定时期内（如比赛前）开展训练或活动。

主要的运动类社团	主要的文化类社团
棒球部（软式棒球和硬式棒球）、网球部（软式网球和硬式网球）、足球部、排球部、篮球部、游泳部、田径部、垒球部、橄榄球部、羽毛球部、摔跤部、体操部、剑道部、柔道部、相扑部等。	吹奏乐部、轻音乐部、合唱部、美术部、书法部、舞台剧部、摄影部、广播部、茶道部、花道部、新闻部等。

4. 人气社团

每个学校开展的社团活动以及取得成绩有所不同，因此某社团是否受欢迎不能一概而论。运动类社团中，男生通常会加入棒球、足球和篮球部，女生通常会选择加入网球、排球和篮球部。文化类社团中，加入吹奏乐部、轻音乐部和美术部的人数较多。

如今，越来越多的学生选择把更多精力放在学业上。因此，和初中阶段相比，高中阶段参加社团活动的学生比例较低。另外，不论初中高中，运动类社团的参加人数正在减少。

参加运动类社团的学生比例（%）2016 年

初中阶段			高中阶段		
全体	男生	女生	全体	男生	女生
65.2	75.1	56.4	41.9	54.9	24.1

资料来源：日本中学校体育联盟、全国高等学校体育联盟

5. 社团活动的影响力

每年，各个社团都会参加多次比赛，如果成绩优异还有机会参加市（区）、地区甚至全国的比赛。每年的日本高中棒球联赛和足球联赛举办时，都会有多家电视台进行转播，收视率很高。

其中，有些选手在全国比赛中取得好成绩后，会在大学阶段或毕业之后继续体育训练，最终代表国家出战奥运会。学校的社团没有门槛限制，因此任何学生都有机会在各自的领域大显身手。

比赛中取得好成绩后，学校的知名度会提升，生源也会相应增加。有些体育名门私立学校会通过推荐等方式，招收县内或是周围地区的优秀生源，建立和培养实力较强的运动团队。

受到全民关注的高中棒球甲子园大赛

每年夏季，日本都会举办全国高中棒球大赛。由于大赛的举办地点在兵库县的阪神甲子园球场，因此被称为"甲子园大赛"。日本于1915年举办首届甲子园比赛，距今已有百年的历史。甲子园大赛是学生运动中最受关注的比赛。在各都道府县比赛中胜出的学校，参加全国比赛，争夺桂冠。在甲子园大赛中表现突出的高中生还有可能成为职业棒球选手。每年春季，日本还会在甲子园举办全国高中棒球选拔赛。

Topic 3 校外活动

日本学校的课程结束时间较早，因此学生有充分的课余时间。多数学生会利用这些课余时间参加社团活动、参加课外辅导班、学习一门技艺或是兼职打工。本部分向您介绍日本学生的校外活动。

1. 多少学生会选择参加课外辅导班？

很多日本学生会在放学和社团活动后参加课外辅导班，开阔视野，丰富知识。近年来，为了顺利通过小升初考试，越来越多的小学高年级学生开始报名参加课外辅导班。

初中生参加课外辅导班的人数比例更高。特别是面临中考的初三学生，60%以上的人都会依靠课外辅导班补习功课。因此，学习某种艺术或技能的学生比例降低。

进入高中阶段后，虽然参加课外辅导班的人数比例有所下降，但是高三之后，为了备战高考，请家教或是上辅导班仍是大多数考生的选择。

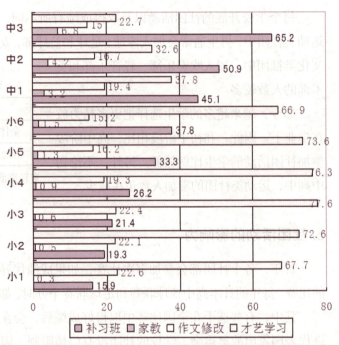

2. 日本人会选择学习哪些才艺？

很多日本人从小就开始接受校外的技能培训。其中，多数人都会选择学习游泳、棒球、足球、乒乓球以及剑道等体育运动。人气仅次于体育运动的是钢琴、书法和舞蹈等。最近，越来越多的人开始学习英语。

近年，去补习班的孩子有所增加，学习才艺的孩子有减少的趋势，其中也有孩子同时学习几项才艺。

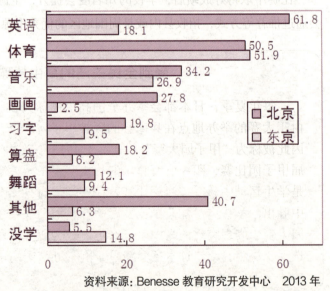

3. 补习班和特长班的费用

在日本，很多孩子会参加补习班、特长班的学习。那么，参加这些课外学习需要多少费用呢？不同的补习班或特长班收取费用不同。初、高中学生所花费的特长班费用降低，补习班费用增加。家庭收入的多少会影响家庭在孩子补习班、特长班上的投入。是否让孩子考高中是补习班支出的重要影响因素。近年来由于经济状况不佳，日本家庭整体上在孩子补习班、特长班上的投入减少。

平均一个月用于校外的教育投入（日元）

	体育	艺术	家庭学习	教室学习	合计
幼儿	2300	1500	1600	1800	6700
小学生	5000	2500	3200	6500	16200
初中生	2900	1900	4400	13100	22300
高中生	2600	1800	3400	9400	17200

资料来源：Benesse 教育综合研究所　2013 年

4. 高中生、大学生打工

日本很多高中生和大学生都会利用课余时间兼职打工。根据日本《劳动基准法》的规定，高中生有打工时长的限制。有些高中禁止学生在外兼职打工，有些学校管理相对宽松。据调查，日本约有 25% 的高中生会利用课余时间兼职打工。

日本的大学课程多为选修课，课程时间安排比较灵活，因此不会影响兼职打工。60% 以上的大学生会在课余时间打工，几乎所有学生都有一定的兼职经验。

多数日本大学生会自食其力挣取生活费，不会依靠父母的经济援助。另外，越来越多的大学生为了增加社会经验和结交朋友而开始兼职打工。

5. 日本人会选择什么样的兼职？

学生可以通过兼职信息杂志寻找打工机会。约有 50% 的高中生会选择在家庭餐馆、咖啡店、快餐店等餐饮业兼职。大学生也是一样，但是越来越多的大学生更加倾心于从事超市和便利店的销售、旅游地区的服务类工作，或是担任家教和补习班讲师。有些大学生可以通过打工，在 1 个月内挣到 10 万日元以上。

现在，留学生需要取得资格外活动许可证才能够在日本打工。有许可的情况下，一周有 28 小时的打工时限。然而，色情行业的工作是严令禁止的。无资格外活动许可证的打工会被视为非法劳动。

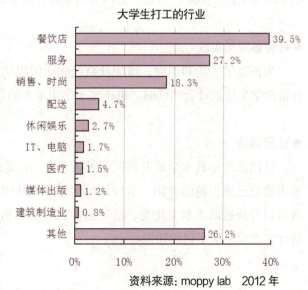

资料来源：moppy lab　2012 年

重要词汇

◆ **义务教育**

与中国一样，日本也实行 9 年制义务教育，小学 6 年，初中 3 年。日本的义务教育入学率几乎为 100%。公立小学和初中免收学费和书费。

◆ **课程时间**

各个学校设置的课程时间略有不同。通常一节课 45—50 分钟。学校 8 点半至 9 点左右开始第一节课，下午 3 点至 4 点左右放学。和中国相比，课程结束时间比较早。

◆ **特别活动**

特别活动是指在小学、中学、高中进行的教学、学科以外的活动，属于正规的教育课程。特别活动的内容不同学校有所差异，主要的活动包括校园活动、年级活动、学生会等。

◆ **文化节（学园祭）**

主要是班级或社团公开展示平时的活动成果。学园祭中可以进行才艺表演，如跳舞、演奏、舞台剧。开办小吃店和咖啡厅、邀请名人举行演讲会或演唱会等。

◆ **修学旅行**

学校教职工以旅游的形式，带领儿童、学生集体在外住宿，进行社会参观和实践等活动。国内的修学旅行地点多会选择京都、奈良、东京、北海道、冲绳。如今，越来越多的高中开始组织学生到东南亚、东亚、美国等国家进行修学旅行。

◆ **社会参观与实践**

为拓宽学生的知识面，增加社会经验而组织学生参观工厂和农场，慰问孤儿院等活动。在帮助学生接触社会的同时，也拓宽了学生未来的职业选择方向。

◆ **社团活动**

社团活动是日本学校开展的课外活动之一。志同道合的同伴可以跨越年级的限制，自发地组建自己感兴趣的社团。学校认可学生开展社团活动，教师可以担任社团的顾问。社团大致可以分成运动类和文化类，活动通常在放学后和周末集中进行。通过参加社团活动可以了解许多课堂上学不到的知识。

练习题

基本问题

问题 1　日本国民应尽的三大义务是什么?

问题 2　日本的学校为什么开展多种多样的特殊活动?

问题 3　日本学校会开展哪些课外活动?

问题 4　哪些社团活动最受学生欢迎?

问题 5　为什么多数的日本大学生都会利用课余时间打工兼职?

应用问题

问题 1　试分析日本小学、初中各科目的课程时间与中国的不同。

问题 2　试了解日本兼职工作的时薪水平。

问题 3　请查阅日本学校中的学生会通常开展哪些活动?

专栏⑭　重视教育的日本，100年前的入学率已达95%

日本的教育起步早，受重视程度高。因此，近百年来，日本的入学率和识字率一直稳居世界第一。

江户时代（1603—1868年），日本的教育机构有各藩的藩校和专门为平民子弟开设的寺子屋。寺子屋的教学内容主要以读、写及算盘为主。江户时代末期，日本人的识字率已经将近80%。同期相比，欧洲大城市伦敦地区的民众识字率为30%，巴黎仅有10%。可见，当时日本的识字率相当高。

也许会有人不明白日本这么早设立机构普及教育的原因。事实上，寺子屋制度不是义务教育，也不是由日本政府创立的教育机构，而是当时的日本平民深感接受教育的重要性，自发建立的民间教育机构。这种平民百姓出于对知识的渴望而成立的教育机构，在当时从世界范围看都是十分罕见的。

日本教育起步早，受重视程度高，为之后日本国民素质的提高奠定了基础。可以说，战后日本经济的蓬勃发展也推动了日本教育的不断前进。

如今，日本的小学和初中的入学率几乎达到100%，高中的入学率达到97%，大学的入学率约为50%。

寺子屋

第十五章　日本的社会问题

2035 年日本老年人口占比将达三分之一 ?!

通过前面几章的学习，想必大家对于日本社会的特征、推动社会发展的制度及文化有了一定了解。然而，如今的日本社会在生活和教育等方面仍旧存在许多亟待解决的问题。本章将总结日本主要的社会问题，其中很多对今后中国的发展有借鉴意义。

> **关键词**
>
> 少子老龄化　超老龄化社会　社会保障制度　社会差距
> 校园欺凌　体罚　怪兽家长　宽松教育与其修订方案

基本信息◆日本的社会问题

1. 日本的社会问题

　　日本政府为了构建一个幸福和谐的社会,对国民的生活、环境和劳动等诸多方面不断进行调整和完善。然而,伴随着时代的发展,一些新的社会问题也开始凸显。其中,少子老龄化给社会保障、家庭、劳动和生活等各个方面带来严重的负面影响,因此能否解决少子老龄化的问题是如今日本面临的最大考验。

　　每个社会问题并不是孤立存在的,它们之间会相互影响。接下来为您重点介绍几个不同领域的社会问题。

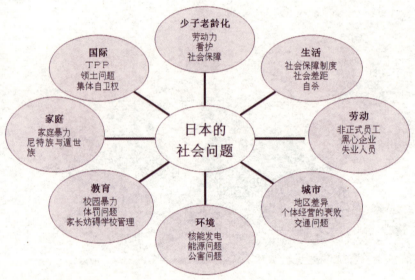

2. 日本的社会问题与中国社会的关系

　　日本日趋严峻的少子老龄化、社会保障制度和社会差距等问题,在中国也正在引起重视。

　　1955年至1973年为日本经济的高速增长期。中国的经济水平也自1978年改革开放以来不断发展。特别是进入21世纪以来,中国经济蓬勃发展,经济实力迅速增强。也就是说,中国在今后的发展过程中,很可能遇到与日本相同的障碍和问题。另外,随着国际化的不断发展,日本的社会问题势必会对中国产生一定的影响。

3. 日本社会存在的主要问题

◆劳动问题　　※参照第十章和第十一章
- 非正式员工:受长期经济发展停滞的影响,很多企业不得不雇佣非正式员工。合同员工和派遣员工等非正式员工的经济收入不稳定,生活窘迫。
- 黑心企业:黑心企业是指强迫员工在条件恶劣的环境下工作的企业。
- 失业人员:2008年的世界金融危机导致日本失业率骤增。

◆ 城市问题　※ 参照第六章和第九章
● 地区差异：日本的年轻人更倾向于在城市发展，加之地方产业逐渐衰败等原因，日本某些山村和岛屿人口逐年减少，人口过疏地区或无人居住的地区不断增加。
● 个体经营的衰败：由于缺少客源，许多位于地方城市中心的商店被迫关闭。个体经营商户的减少不利于地区的整体发展。
● 交通问题：大城市中经常出现交通拥堵、停车困难、电车拥挤等问题。而地方城市交通工具单一，不利于当地居民出行。

◆ 环境问题　※ 参照第七章
● 核能发电：2011年福岛第一核电站的事故引发了放射物质泄漏、核废弃物处理等一系列的问题，很多人开始对核能发电的安全性产生怀疑。
● 能源问题：目前全世界都在积极进行技术研发，力求以太阳光、风力等自然能源代替石油、天然气等有限的资源。
● 公害问题：日本的公害问题已经由工业公害转变为都市生活型公害。主要是机动车的尾气造成的大气污染以及合成洗剂引发的河川污染。

◆ 家庭问题　※ 参照第一章
● 家庭暴力：家庭暴力是指发生在家庭成员之间的，以暴力手段对家庭成员从身体和精神等方面进行伤害和摧残的行为。儿童、女性和需要照顾的老年人是主要的受害者。
● 尼特族与遁世族：尼特是英语"NEET"的音译。NEET 的全称是"Not in Employment, Education or Training"，尼特族指没在上学、没在工作、没在找工作的人。另外，还有一类人被称为遁世族，他们整日闭门不出，不会主动与社会接触。
● 育儿：受经济等因素影响，日本越来越多的家庭开始改变"男主外，女主内"的传统模式，夫妻双方共同外出工作，一同承担养家的任务。因此，如何照顾子女成为令很多夫妻苦恼的难题。

◆ 国际问题　※ 参照第十章
● TPP：TPP 是以促进亚太地区的贸易自由化以及经济发展为目标的自由贸易协议。日本国内对于是否应该加入 TPP 的问题，一直争论不休。
● 领土问题：日本与韩国、俄罗斯、中国之间存在领土争端，影响了日本与近邻国家之间的友好关系。
● 集体自卫权：所谓集体自卫权，即与本国关系密切的国家遭受其他国家武力攻击时，无论自身是否受到攻击，都有使用武力进行干预和阻止的权利。对于是否应该解禁集体自卫权这一问题，日本国内展开了激烈的讨论，多数人持反对意见。

Topic 1 少子老龄化问题

少子老龄化社会究竟是一个什么样的社会？它会引发哪些问题？本部分主要对少子老龄化社会的现状和今后的对策进行介绍。

1. 少子老龄化社会的定义

少子老龄化社会是指人口构造偏向老龄化发展，年龄结构"头重脚轻"的社会。衡量老龄化社会的标准并不统一。一般来说，可以通过65岁以上人口占总人口的比例来判断该地区是否已经进入老龄化社会。

随着经济不断发展，国家或地区的人口构成通常呈三个阶段，即"高出生率，高死亡率"→"高出生率，低死亡率"→"低出生率，低死亡率"。如今，日本已经进入到"低出生率，低死亡率"的阶段，老龄化现象严重。调查显示，日本是世界上老龄化程度最高的国家。

主要国家的老年人比例（2015年）

国家	比率
日本	26.6%
中国	9.6%
美国	14.8%
意大利	22.4%
德国	21.2%
法国	19.1%
英国	17.8%
韩国	13.1%

资料来源：内阁府《老龄社会白皮书》

2. 少子老龄化的原因

"低出生率和低死亡率"是导致少子老龄化出现的主要原因。也就是说，在"寿命延长"和"新生儿减少"两个原因的共同作用下，日本的老年人比例大幅升高，社会的老龄化问题日益严峻。寿命的延长得益于医疗水平的进步和生活水平的提高，新生儿的减少是源于人们的收入水平提高，读书深造推迟了结婚和育儿的时间等原因。新生儿数量的减少会导致年轻人减少和劳动力不足。

3. 少子老龄化的变化

1970年，日本65岁以上的老年人比例达到7%，日本社会开始向老龄化发展。1995年，日本正式进入老龄社会阶段，老年人比例达到14%。2007年，日本老年人比例达到21%，日本开始进入超老龄社会阶段。

根据日本总务省发表的人口推算报告可知，2020年，日本65岁以上的人口将达到3619万人，占总人口的28.9%，人数及占比均创历史新高。照此发展下去，2035年，日本65岁以上老龄人口数量将达到总人口的三分之一。

日本自1950年起逐渐开始出现老龄化现象，然

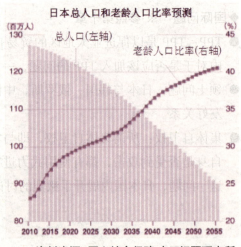

资料来源：国立社会保障人口问题研究所

而长期以来，出生率始终高于死亡率，因此并没有影响到人口的总体增长。但是，自2000年起，日本的死亡率逐渐低于出生率，日本总人口开始逐年减少。

- 65岁以上人口的比例占7%及以上——"老龄化社会"
- 65岁以上人口的比例占14%及以上——"老龄社会"
- 65岁以上人口的比例占21%及以上——"超老龄社会"

4. 少子老龄化社会的弊端

少子老龄化给整个日本社会带来了很多问题。例如，导致劳动力不足、降低国民生活水平、需求和供给不足阻碍经济发展等。

同时，少子老龄化还会不断加重劳动者在税收和保险方面的经济负担，还有可能影响到劳动者的工作积极性。另外，福祉医疗设施的不足、老年人的照料、心理孤独和突发疾病死亡等问题也需要引起社会各方面的重视。

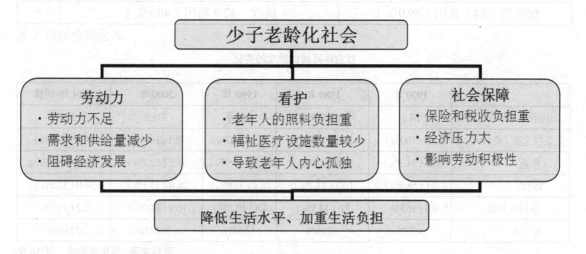

5. 应对超老龄社会的措施

日本已经进入超老龄社会阶段，老年人比例仍在逐年增加。今后，日本需增加养老院数量，不断完善无障碍式设施和看护照料设施的建设，为老年人提供一个舒适的生活环境。日本政府鼓励身体健康的老年人再就业。此举既可以减轻社会保障负担又有利于经济的健康发展。老年人通过再就业可以重新找到生活的意义，在提高自身健康水平的同时也维护了社会的稳定。

另外，老年人被社会孤立、在家突发疾病死亡等问题也亟待得到各方的重视。对此，地区间应不断加强交流和合作，居民间应该注意加强人际交往，改善邻里关系。今后，日本将结合老年人的生活状况和实际需求，打造一个与超老龄社会相匹配的生活环境。

Topic 2　生活问题

生活问题与大家的幸福指数息息相关，因此受到社会各方的极大关注。本部分主要介绍日本的保障制度、社会差距和自杀问题。

1. 社会保障制度

社会保障制度是指由国家提供资金和服务，以保证国民的最低生活水平、维护国民生活的安定的制度。主要内容包括社会保险（医疗保险、养老保险、失业保险、长期照料保险等）、公共援助和社会福祉等。

日本社会保障的支付额度与筹措情况（以 2014 年度预算为基础）

【支付】总额 115.2 兆日元		（19.3%）
养老 56.0 兆円（48.6%）	医疗 37.0 兆円（32.1%）	福利等 22.2 兆円

【筹措】总额 110.0 兆日元		
保险费 64.1 兆円（59.9%）	税收 42.9 兆円（40.1%）	*

* 公积金的收入等

社会保障给付额度的变化

	1970 年	1980 年	1990 年	2000 年	2014 年·预算
国民收入（兆日元）A	61.0	203.9	364.9	371.8	370.5
总支付金额（兆日元）B	3.5（100%）	24.8（100%）	47.2（100%）	78.1（100%）	115.2（100%）
养老	0.9（24.3%）	10.5（42.2%）	24.0（50.9%）	41.2（52.7%）	56.0（48.6%）
医疗	2.1（58.9%）	10.7（43.3%）	18.4（38.9%）	26.0（33.3%）	37.0（32.1%）
福利及其他	0.6（16.8%）	3.6（14.5%）	4.8（10.2%）	10.9（14.0%）	22.2（19.3%）
B／A	5.77%	12.15%	13.61%	21.01%	31.09%

资料来源：厚生劳动省　2014 年

日本社会保障的具体内容主要包括养老、医疗和福利等方面。保障费用主要通过国民保险金和税收等方式进行筹措。随着社会保障制度的不断改革，支付额也在逐年增高。根据国家的财政预算，2014 年日本社会保障的总支付金额达到 115.2 兆日元，为历史最高。然而，在 1970 年至 2014 年的 44 年当中，支付金额占国民收入的比例已由 5.8% 升至 31.1%。可见，国民负担正在逐渐加重。

比起日本，很多欧美国家的国民负担率还要更高一些。但是，日本少子老龄化现象还在不断加剧，劳动力人口正在逐年减少，这种趋势很有可能会不断加重国民负担率，同时也对政府的社会保障制度提出了巨大的挑战。

2. 社会差距

20 世纪 80 年代前半叶之前，日本曾被称为贫富差距小、全民生活几乎都处于中等水平的"总中流社会"。但是，泡沫经济破灭之后，日本经济发展停滞，年轻人的就业难度增加，不同年龄层之间开始产生收入差距。日本政府对于经济活动的限制放宽也使得贫富差距逐渐拉大。近年来，由于日本的非正规员工、打工人员以及尼特族的人数在不断增加，社会财富分配会越来越不平均，贫富差距也会进一步拉大。

父母的经济水平有可能影响孩子的教育环境，导致这种差距的代际间传承。另外，差距过大还会造成一些群体的心理落差，不利于社会的稳定与和谐。如今，城市与地方之间的地区差距（收入差距、经济水平差距、人口增长率等）日趋明显。为改善这一状况，日本各方应该积极研究与探讨，制定出有效的解决方案。

3. 自杀问题

日本是世界上自杀率最高的国家之一，被称为"自杀大国"。1998年之后，日本的自杀人数连续14年超过3万人。2010年至今，日本的自杀率持续下降，但是仍有大批人会选择自杀来结束自己的生命。2015年，日本的自杀人数仍旧高达2万3971人。

自杀人数的变化（警察厅）

疾病、经济困窘和家庭纠纷是导致日本人走上不归路的主要原因。其中，抑郁症患者的自杀率相当之高。从年龄上来看，50—70岁之间的人群自杀率较高，20岁以下的人群自杀率相对较低。

世界卫生组织（WHO）于2014年9月公开发表了一份报告。报告称，全球平均自杀率为每10万人中有11.4人自杀。自杀率最高的国家是：圭亚那（44.2人），朝鲜（38.5人），韩国（28.5人）。日本排名第18位，每10万人中的自杀人数为18.5人。中国为7.8人。

如今，日本为了预防自杀现象频繁发生，于2006年开始实行《自杀对策基本法》。另外，日本还积极开展自杀预防宣讲、24小时咨询热线电话等志愿者服务。

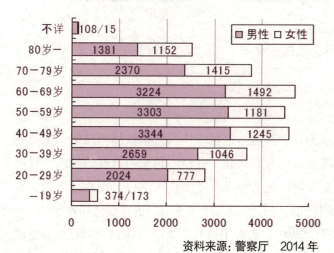

不同年龄、性别的自杀人数（2013年）

资料来源：警察厅　2014年

自杀的主要原因及人数（2013年）

原因	自杀人数	比例
健康问题	13680人	50%
经济、生活问题	4636人	17%
家庭问题	3930人	15%
工作问题	2323人	9%
感情问题	912人	3%
学校问题	375人	1%
其他	1462人	5%

资料来源：警察厅　2014年

Topic 3　教育问题

教育对于培养优秀的下一代起着至关重要的作用。日本的教育起步早，发展快。但是近年来，日本在教育方面也出现了一些新的问题。本部分从学校课程和学校生活这两个角度分析日本教育的问题。

1. 校园欺凌

2016 年，日本全国小学、初中、高中等学校发生的校园欺凌事件多达 32 万 3808 件。多发生在小学的高年级至初中二年级期间。但是，这个数字仅仅是学校可以掌握到的数据，现实生活中，学校的欺凌事件数量应该更多。校园暴力是日本教育中老生常谈的问题。严重时受欺负的学生会拒绝上学，甚至会产生轻生的念头。因此，校园欺凌问题仍受到社会各界的广泛关注。

校园欺凌是指对弱于自己的一方重复进行身体或精神上的欺凌，包括暴力攻击、歧视、欺辱等。其他国家也存在校园暴力现象，但是，比起暴力攻击事件，日本更多的是无视同学、排挤同伴等冷暴力。近年来，利用网络恶意中伤同学的欺凌事件有所增加。

当校园暴力发生时，很少会有学生站出来主持正义或是及时向老师说明情况，多数的学生会选择冷眼旁观。许多受到欺负的学生会选择忍气吞声，不敢告诉父母或老师。这种软弱的态度助长了施暴者的嚣张气焰，使得他们的行为更加大胆放肆，甚至根本意识不到自己的举动是错误的。校园暴力的预防工作难度较大，需要校方和家长正确应对。

主要的校园欺凌现象

言语攻击	暴力攻击	冷暴力攻击
·诽谤 ·讥笑 ·散布流言 ·恐吓	·拍　·推 ·打　·掐 ·踢　·拳打脚踢 ·使用道具攻击	·无视 ·排挤 ·偷藏物品 ·弄乱、损坏对方物品

↑ 利用网络恶意伤害对方

2. 体罚问题

日本的学校老师体罚学生的现象已成为社会问题。这里的体罚是指教师通过给学生身体造成苦痛来惩戒或教育学生的行为。日本自古就存在体罚，并将体罚视为教育的辅助手段。然而，体罚不利于儿童、学生人格的健康发展，还会引发严重的伤害事件。因此，体罚受到社会的强烈关注。除课堂上老师对学生的体罚外，在课后的社团活动中也存在体罚现象。

如今，日本的学校教育法的第 11 条明文规定，教师不得对学生进行体罚，但是在必要情况下,可以加以惩戒。法律并没有明确划清体罚与惩戒之间的界限,因此很多教师依旧对学生进行"惩戒"。现在,多数日本人不赞同教师对学生进行体罚,一旦教师的行为被认定为体罚,那么很有可能受到停职等严厉处分。

3. "怪兽家长"

始终以自我为中心,对学校或教师提出无理要求,甚至妨碍学校管理的家长被称作"怪兽家长(Monster parent)"。对教师的尊敬意识淡薄、过度保护孩子等原因导致这些家长在20世纪90年代后期开始出现并且不断增加。一些通过交流沟通可以解决,或是孩子可以自行处理的简单问题,"怪兽家长"们也要求学校给出一个合理说法。很多教师由于无法满足"怪兽家长"提出的要求而感到十分苦恼。

> **"怪兽家长"提出的无理要求**
> ● 自己的孩子不能与某儿童一起玩耍。
> ● 对分班提出自己的无理要求。
> ● 对教师的教育方法提出不满和强烈反对意见。
> ● 干涉儿童之间打架等琐碎小事。

4. 宽松教育及其修订方案

近年来,日本学习指导要领的内容发生了很大变化。

20世纪90年代,日本实行的是填鸭式教学,应试现象普遍。对此,有人指出,这种强迫式教学方法会引发学生犯罪、校园欺凌和拒绝上学等社会问题。因此,日本政府决定一改之前重视学习能力培养的教学法,开始实行宽松教育。宽松教育目的在于让学生在轻松的学习环境下,提高独立思考的能力。2002年开始实行的新的学习指导要领中,减少了课程的数量,增加了社会性、国际性较强的综合学习课程。

然而,在国际学生评估项目(PISA)中,日本学生的成绩不理想,学习能力排名靠后。2008年,日本修订了学习指导要领,再次增加了课程的数量。

接受"宽松教育"的一代学生在日语中被称为"宽松一代"(ゆとり世代)。现在,"宽松一代"(ゆとり世代)经常被用于与其他年代的人的比较,"ゆとり"这个词有时也用于表达贬义。

重要词汇

◆ 少子老龄化

少子老龄化社会是指人口构造偏向老龄化发展，年龄结构"头重脚轻"的社会。一般来说，可以通过65岁以上人口占总人口的比例来判断该地区是否已经进入到老龄化社会。"低出生率和低死亡率"是导致少子老龄化社会出现的原因。日本是世界上老龄化程度最严重的国家。

◆ 超老龄社会

日本于2007年进入超老龄社会，65岁以上的老年人口达到总人口的21%以上。今后，日本老龄化的发展趋势将会日益严峻。2035年，日本65岁以上老龄人口数量将达到总人口的三分之一。

◆ 社会保障制度

社会保障制度为国民提供金钱援助和必要服务等。这项制度旨在保证国民的最低生活水平，维护国民生活的安定。日本社会保障的具体内容主要包括养老、医疗和福利等方面。保障费用主要通过国民保险费和税收等方式进行筹措。

◆ 格差社会

直至20世纪80年代中期，日本的贫富差距都很小，全民的生活几乎都处于中等水平。但是，泡沫经济破灭之后，日本经济发展停滞，经济差距加大，贫富分化严重。

◆ 体罚

学校体罚是指教师通过对学生身体的责罚，特别是造成疼痛来进行惩罚或教育的行为。如今，日本的学校教育法中的第11条明文规定，教师不得对学生进行体罚。

◆ "怪兽家长"

始终以自我为中心，对学校或教师提出无理要求，甚至妨碍学校管理的家长被称作"怪兽家长（Monster parent）"。即使是通过交流沟通即可解决，或是原本孩子可以自行处理的简单问题，"怪兽家长"们也要求学校给出一个合理说法。

◆ 宽松教育及其修订方案

宽松教育方式目的在于让学生在轻松的学习环境下，提高独立思考的能力。2002年开始实行的新学习指导要领中，减少了课程的数量。然而，宽松教育导致学生的学习能力下降，日本于2008年在新学习指导要领中重新增加了课程数量。

练习题

基本问题

问题1　日本有哪些城市问题？

问题2　日本的社会保障给付金是由哪几部分构成的？

问题3　日本为了预防自杀现象的频繁发生而采取了哪些措施？

问题4　近年来，日本悄然兴起了一种新型校园暴力，它的具体内容是什么？

问题5　宽松教育的内容是什么？之后是如何修订的？

应用问题

问题1　试了解中国的老年人比例的变化趋势。

问题2　试比较中国与日本的社会保障制度的异同。

问题3　阅读上文中的"自杀问题"部分，并结合图表谈谈你对自杀现象的认识和理解。

专栏 ⑮　在超老龄社会中重新寻找人生追求

日本是世界上最长寿的国家。根据厚生劳动省的调查，2016年日本人的平均寿命为84.2岁，稳居世界第一。男性的平均寿命为81.1岁，位居世界第二，女性的平均寿命为87.1岁，位居世界第一。

日本人通常在60岁至65岁之间退休，退休之后的生活时间比较充裕。日本如今已经进入超老龄社会，越来越多的老年人为了寻找到新的人生追求而进行各种尝试。日本各个地区自治体开展丰富多彩的老年活动，力求为他们营造一个温馨舒适的生活环境。

一些老年人也能参加的俱乐部和终身学习培训班正在逐渐增多，为儿童传授传统文化和手艺的社会实践活动以及为老年人服务的社会公益活动也进行得如火如荼。最近，越来越多的老年人辞去工作，参加马拉松和登山等具有挑战性的活动，不断地突破自我。很多日本的年轻人会积极到医院或养老院慰问老人或表演节目，为丰富老年人生活贡献出自己的一份力量。

2015年10月，为期4天的"第28届全国健康福祉节 山口年轮匹克2015"在日本的山口县开幕。日本全国各地约有1万名60岁以上的老年人参加了这项活动，参加者通过体育运动和文化增进友谊，加深交流。这项活动每年会在不同地区举办，举办的目的在于建设一个"和谐、健康的长寿社会"。

今后，日本的老龄化趋势更加明显。日本正在全力创建一个国家、地区和个人三者相互融合的，健康、和谐的老龄化社会。

索引

A

癌 37 85 151
爱媛 7 9
爱知 7 8 108 112 138
安倍晋三 2 123 128 144 148 149 152 154
安倍经济学 49 119 120 121 123 128
安倍政府 121
按户送报制度 155 156 161 164
按钮式信号灯 78

B

白川英树 6
百叶帘商业街 115 117 118
百元店 47 54 56 57
阪神大地震 96 97 101 102
阪神工业地带 124
阪神甲子园球场 9 173
保存期限 42 43 45
保险费 151 184 188
保育园 14 15 168
保质期限 43 45 55
报道协定 158
报道自由 158 164
报纸销售店 161 164
報道禁忌 158
北海道 2 3 4 6 7 8 77 108 112 113 116 156 171 176
被选举权 147 151
本田 74 90 124 138 139

比较.com 54
比例代表制 147
毕业典礼 170 171
避难训练 95 99 100 104 171
便当 22 55
便利店 22 125 156 166 175
兵库 6 7 9 97 108 109 112 173
补习班 174 175
不给他人添麻烦 59 62 63

C

财政赤字 122 123
裁员 123 128 135
参议院 143 145 147 151 152 153 154
参议院选举 147 154
参议院议员 147 151
参政权 151
茶道 34 173
产经新闻 156
长崎 7 9 127
长寿 35 36 38 39 190
长野 6 7 8 108 112 130
超老龄社会 20 179 182 183 188 190
朝鲜战争 122
城市 4 8 9 15 25 29 30 49 50 56 64 72 73 74 76 81 89 96 106 107 108 109 110 111 112 113 114 115 116 117 118 122 125 130 178 181 185 189
城市化 107 109 116 117

城市化率 109 116
城市问题 181 189
乘车礼仪 59 60 68
痴痴护理 17
池袋 77
池田内阁 122
赤崎勇 6
赤旗报 149
冲绳 6 7 9 25 48 77 171 176
宠物同居公寓 30
出口 5 77 120 122 124 126 156 127 129 138 139
出口额 126 127
出生率 132 182 183
初等教育 167 168
川端康成 6
传统工艺 39 44 113
传统住宅 26 27 28
茨城 7 8 96 112
磁悬浮列车中央新干线 113

D

打招呼运动 29 32
大阪 4 7 9 25 49 50 76 77 80 81 82 101 107 108 109 110 112 113 116
大村智 7
大分 7 9
大江健三郎 6
大气污染 84 85 181
大学 12 18 29 31 49 97 99 110 133 160 168 169 173 175 177 178
大学升学率 18
大隅良典 7
大众媒体 155 156 160 162 163 164
呆萌吉祥物 118
呆萌吉祥物大奖 118
带薪休假 132 133

单身公寓 24
岛根 6 7 9 39
道德 55 168 169
道路交通法 71 74 80
德岛 7 9
地产地消 83 91 92
地方性报纸 156
地方城市 49 50 72 81 108 115 116 118 181
地方法院 145
地方公共团体 2 107 112 116 117 143 150 151
地方圈 114 115 107
地方台 156 164
地方议会 150
地方自治 89 102 108 109 115 116 118 143 150 151 153 190
地方自治体 89 102 115 150 151 153
地价 25 47 49 50 111 114
地铁 5 71 72 76 80
地震 4 26 28 59 70 82 90 95 96 98 99 100 101 102 103 104 105 106 123 130 171
地震烈度 95 102 104
地震速报 102
第二产业 121 124
第三产业 120 121 124 125
第一产业 40 121 124
电视 29 87 102 111 139 147 155 156 157 158 159 160 162 163 164 165 173
电子杂志 157
定制（房）住宅 25 32
东北 4 7 8 70 77 98 110
东京 2 4 6 7 8 25 31 49 50 55 56 64 71 72 73 76 77 79 80 81 82 91 99 107 108 109 110 111 112 113 114 116 119 193 120 122 125 128 130 137 145 150 156

160 164 166 171 174 176
东京23区 108 112 113 114 150
东京奥运会 73 82 119 120 122 128 130
东京地铁（东京Metro） 76 77 80
东京电视台 156 164
东京急行电铁 26
东日本大地震 4 59 70 82 90 95 96 97 98 99 101 103 104 105 106 123 130
东武铁道 76
都道府县 1 2 8 9 49 50 80 108 110 112 116 147 150 173
都道府县知事 150
都市生活型公害 85 181 189
读卖电视台 156 162
读卖新闻 156 161 162
独户住宅 23 25 30 32
短波广播 157

E

儿童会 170
儿童座椅 75
二氧化碳 91

F

发电地板 91
法院 5 144 145 152
法治国家 144
防灾 28 95 96 97 98 99 100 101 102 103 104 105
防灾馆 100
防灾教育 99 100 101 102
防灾日 96
防灾信息 98
防灾意识 98 100 106
防灾用品 98 104
防灾与志愿者日 96
防灾教育中心 100 101 102

防灾准备 97 98 99 101 105
房租 31 33 49 50 56
反垄断法 122
放宽签证限制 125
非物质文化遗产 35 38 39 44
非正式员工 15 131 133 135 180
肥胖 36 37 39
分售公寓 114
分售住宅 32
分烟 53
丰田 74 90 108 113 124 138 139
丰田市 138
风力发电 91
风铃 29
风险评估 43 44
佛教 5 6
服务业 4
福岛 7 8 85 96 104 123 181
福岛第一核电站 104 123 181
福冈 6 7 9 25 76 79 96 108
福井 2 7 8 25
福井谦一 6
福利设施 16
福泽谕吉 48
釜石 99
富山 6 7 8 25 84
富士电视台 156 164
富士山 3 6

G

冈山 7 9 109
高等教育 168
高速经济增长（高速增长） 5 20 108 110 116 119 120 122 124 128 132 180
高级法院 145
高速公路 5 72 73 74 115
高知 7 9

高中棒球甲子园大赛 173
歌舞伎 39
隔扇 23 27 29
个食 35 40 44
个体经营 115 181
根岸英一 6
工会 132 137
工业 4 30 84 110 114 115 116 118 120 122 124 126 128 169 181
工业公害 181
公共电视媒体 156
公共交通系统 72 76
公共救助 97
公共汽车 62 76
公共事业 125 150
公共援助 184
公共住宅 24 25 30 31 32 33
公害问题 85 180 181
公明党 148 149
公职选举法 147
宫城 7 8 70 108
宫崎 7 9 49
孤立 183
孤食 35 40 44
怪兽家长 179 187 188
关东 3 7 8 28 70 96 103 113 124
关东大地震 28 96
关税 40 50 52 53 57 127
观光 113 118 125
光化学烟雾 85
广告费 156 162 163
广岛 6 7 9 76 96 108
国产产品 43
国会 5 144 145 146 147 148 149 152 154
国会议员 144 145 146 147 148 152 154
国际问题 181
国际学生评估项目（PISA） 187

国民主权 5 144 152
国内生产总值 4 120
国铁 80 82
国土交通省 25 72 73 75 76
国务大臣 144 145 146 152 153 154
过疏 4 107 115 181
过疏化 107 115

H

海啸 4 70 82 99 96 99 102 104 106
合唱比赛 171
合同员工 123 135 180
和歌山 6 7 9 25 50 112
和平主义 5 152
河川污染 85 181
核电站 96 103 104 123 181
核心家庭 11 12 14 19
核心局 155 156 162 164 165
黑心企业 131 139 180
横滨 7 8 49 76 108 109 110 112 113
横向社会 136 140 141
厚生劳动省 13 19 17 18 36 37 43 49 132 133 184 190
互助 97
护理集体自杀 17
护理杀人 17
护理设施 13
护理休假制度 11 17 20
花道 34 173
花粉症 88
花王 139
化石燃料 85 91 92
还贷款 25
环境基本法 85
环境激素 85
环境教育 83 87 89 100
环境厅 84

环境问题 83 85 88 181
環境省 87 91
挥发性有机化合物 29
汇率 50 51 129
混合动力汽车 90
火山 3 4 96
货币 1 2 47 48 50 51 56 122 128

J

机动车 61 71 72 73 74 75 80 85 181
基础设施 30 73 114 122 125
吉田兼好 26
吉野家 58
集体在外住宿 170 171 176
集体自卫权 181
记者俱乐部 155 158 162 164 165
家庭暴力 19 29 181
家庭法院 145
家庭结构 12 17 21
家庭课 168 169
家庭问题 181 185
家务 11 13 14 15 20
间接民主制 146
减灾 96 97
简易法院 145
建筑基准法 103
建筑业 125
江戸 77 106 113 127 178
江崎玲於奈 6
交叉持股 155 162 164
交通安全周 75
交通礼仪 71 72
交通事故 73 75 81
交通问题 181 180
交通拥堵 74 181
交通战争 75
郊区化 107 111 114 116

教育委员会 100
教育问题 186
教育指导要领 169
节能补助制度 87
解散财阀 122
金融缓和 122
金融危机 120 123 180
紧急地震速报 102
近畿 7 9 76 108 112 113 116
近畿圈 108 112 113 116
近畿日本铁道 76
进口 4 5 26 37 40 43 50 51 53 58 74 88
  89 91 124 126 127 129 138
进口额 126 127
禁烟 53 68
京滨工业地带 124
京都 6 7 8 9 39 50 73 76 77 87 89 94 99
  107 108 109 110 112 113 116 171 176
经济产业省 87 90
经济增长率 119 120 121 122 128
静冈 6 7 8 109 112
静音状态 60 68
九州 2 4 7 9 77 109 124
酒税 50 52 53
救援物资 97 101 102
居酒屋 131 137 140 141
君之代 2

K

抗震标准 96 103
抗震强度 28 103
抗震修缮促进法 103
可持续发展型社会 83 85 87 92
可再生能源 83 91 93
快餐 36 37 46 58 175
筷子 41 66
宽松教育 179 187 188 189

L

垃圾分类 83 85 86 87 93
垃圾箱 60 86 94
劳动基准法 137 175
劳动力不足 121 134 182 183
劳动人口 119 121
劳动时间 137
老老护理 11 13 17 20
老龄化社会 179 182 183 188 190
老龄社会 20 73 182 183 188 190
老年公寓 30
老年离婚 19 20
老人院 13
离婚率 12 18 19
离婚原因 19 21
礼金 23 31
立法权 5 145 148
利根川进 6
栃木 6 7 8 112
连锁店 37 54 58 64 115
莲舫 151
联合国教科文组织 39 44 45
联合内阁 148
两院制 145 147 152
林间学校 171
林业 4 88 89 92
临时国会 145
铃木章 6
零售业 4 125
领土问题 181
流行语 130
陆前高田 106
鹿儿岛 6 7 9 77 96

M

妈妈的味道 22
慢食 35 46

贸易 2 4 5 40 113 120 122 123 124 125 126 127 128 181
梅雨 3 4
每日新闻 156 161
门牌 28
盟军最高司令官总司令部 120 122
秘密选举 146
民意调查 154 163
民营电视媒体 156 162
民主党 144 148 149 151 152 154
民主化 122
民主主义 144 146 143
名古屋 4 7 8 76 108 109 110 112 113 116
明仁天皇 2 144 152
模拟体验 100 101
模拟信号转播 160 164

N

内阁 2 5 16 42 97 121 122 123 143 144 145 146 148 152 153 154 182
内阁总理大臣 2 143 144 145 152 154
纳税 168
奈良 6 7 9 112 118 171 176
男女雇用机会平等法 12
南部阳一郎 6
脑卒中 37
能乐 39
年功序列 49 120 131 132 134 137 140
年级活动 170 176
年轮匹克 190
年夜饭 36 39
鸟取 7 9
牛肉盖饭价格战 58
农地改革 122
农林水产省 37 39 40 43 88 92
农业 4 40 53 120 124 128 169
女性社会参与 15 18 21

女性专用车厢 71 78 80
女性专用公寓 30
诺贝尔奖 1 7
诺如病毒 43

P

派遣员工 135 180
泡沫经济 25 49 50 73 111 114 119 120 121 122 123 125 128 129 132 154 184 188
配菜 36 38
批发行业 4 125
琵琶湖 3 9 89
片田敏孝 99
平安京 113
平成大合并 107 109 116 117
平等选举 146
平均寿命 2 190
坪 32

Q

欺凌 186 187
欺凌问题 186
岐阜 1 6 7 8 112
奇迹一棵松 106
埼玉 7 8 50 76 108 109 112
企业在职培训（OJT） 131 132 135 137 140 141
起薪 47 49
汽油税 53
千代田区 145 千叶 7 8 50 109 112
青春 18
乘车券 79 80
青森 6 7 8 25 77 110
轻工业 120 126 128
清洁大作战 89
秋田 6 7 8 25 39

秋叶原 8 47 55 56 57
区域报纸 156
全国性报纸 156
全球化 126
全职主妇 11 14 20
群马 6 7 8 99 112

R

人口增长率 185
任期 145 147 150 151 152 154
日本电视台 156 160 162 164
日本共产党 148 149
日本国宪法 5 143 144 152 158 164
日本经济新闻 138 156
日本三大工业地带 124
日本社会党 148
日式饮食生活 37
日本音乐著作权协会（JASRACK） 159
日本银行 47 48 56
日产 74 90 123 124 138 139
日东电气 90
日经广播 NIKKEI 157
日经平均指数 123
日美贸易摩擦 123
日元贬值 49
日元升值 123
入学典礼 170 171
入学率 12 168 178

S

三大都市圈 107 112 116 117
三大义务 168 177
三井物产 125 138
三菱商事 125
三权分立 5 143 145 152
三重 6 7 9 84 112
涩谷 77 山口 6 7 9

山梨 6 7 8 112
山手线 77
山形 7 8 25 41
山一证券 123
山中伸弥 6
上下关系 136
上野 110
少子老龄化 151 179 180 182 183 184 188
社会保险 184
社会保障制度 179 180 184 188 189
神道 5
神佛习合 5
神户 7 9 76 101 108 109 110 112
神奈川 7 8 25 50 77 108 109 112 113
神武景气 122
升学率 18 168
生活费 19 49 51 175
生活问题 184 185
生活习惯病 36 37 39
生命线 95 96 97 98 102
生态系统 85 87 89 92
声音指示信号灯 71 78 80
失去的二十年 123
失业率 119 121 128 129 180
石川 7 8
石油煤炭税 53
石油危机 48 85 122 124
实质 GDP 增长率 120 123 128 132
市郊住宅区 114 116
食品安全 35 42 43 55
食品安全基本法 43
食品安全委员会 42 43
食品标签 35 42 43 45
食品添加剂 42 44 85
食品问题 42
食其家 58
食物过敏 44

食物中毒 42 43
食物自给率 35 36 37 40
食育 35 40 41 44 45
时差 2
识字率 2 178
世界卫生组织（WHO） 185
市町村 109 112 113 116 150
市町村议会 150
收视率 156 160 162 163 165
收视时间 160
收入倍增计划 122
收音机 98 102 104 142
守礼门 48
首都 1 2 4 5 8 50 97 108 109 112 113 114 116 122 181
首都圈 4 5 50 97 108 109 112 113 114 116
首相 123 128 142 143 144 145 146 148 152 153 154
寿司 9 36 38 39
数字广播（电视） 87 155 156 160 164
水产业 4 124 129
水俣病 84 92
水质污浊 84 85
司法权 5 145
私铁 71 76 80
死亡率 75 182 183 188
四大公害病 83 84 92 93
四大传播媒体 155 156 157 164
四国 2 7 9
四日市哮喘 84 92
寺子屋 178
価格.com 54
松屋 58
松下 124 138 139 142
松下幸之助 142
松下政经塾 142
索尼 124 139

T

榻榻米 22 24 26 27 31 34
台风 3 4 95 96 100
太平洋沿岸工业地带 4 124
太阳能 91 92
汤川秀树 6
糖尿病 37
特别烟草税 52 53 56
特别自治体 150
特价商店 54
特例市 108
体罚 179 186 187 188
体验学习 167 168 170
体育报 166
体育节 6 170
天皇 2 5 6 143 144 145 152
天下厨房 113
天野浩 7
田中耕一 6
田字形 27
帖 25 31 32
通常国会 145
通勤时间 25
樋口一叶 48
痛痛病 84 92
投票率 147
图书馆礼仪 61
徒然草 26
团地 24 25
托儿所 11 14 15
晚婚化 12 18
网络 54 81 102 103 125 155 156 157 159 160 186

W

维新会 148 149
未婚化 11 12 18

梶田隆章 7
味增汤 58
温泉内的礼仪 61
文部科学省 5 168 169 174
文化节 6 167 170 171 176
稳定增长期 120 122 128 132
无人化 107 115
无人售货店 47 55 56
无障碍 23 28 32 183

X

吸烟礼仪 59 60 61 68
吸烟区 61 68
下级法院 145
仙台 7 8 76 108 109
限制放宽 185
香川 7 9
消费者物价指数 48 49
消费税 47 52 53 56
小柴昌俊 6
小林诚 6
小泉纯一郎 154
小选区制 147
肖像权 155 158 159
写生大会 171
新城 114
新干线 5 49 55 71 73 76 77 80 82 113 115
新宿 7 77
新潟 7 8 39 77 82 84 92
新潟水俣病 84 92
信息产业 4 125
信息家电 125
行人礼仪 61 72
行人优先 71 72 74
行政权 5 145 146 148 152
熊本 7 9 84 109 118

修学旅行 167 170 171 176
旭化成 90
玄关 23 24 28 34 63
选举的四大原则 146
选举权 146 147 151 153
选举活动 147
选民投票 146 147 151 152
学生公寓 31
学生会 170 176 177
学校供餐 35 41
学校活动 167 170
学校教育法 186 188
雪灾 4
循环型社会 83 85 87 92

Y

押金 23 31
雅乐 39
烟草税 47 52 56
岩户景气 122
岩手 6 7 8 99 106
檐廊 26 27 33
彦根市 118
野口英世 48
野田佳彦 142 154
野依良治 6
一汤三菜 35 36 38
一院制 150
伊藤忠商事 125 138
义务教育 2 41 167 168 176 178
艺术鉴赏会 171
议会内阁制 5 146 148
抑郁 132 185
益川敏英 6
银座 50
隐私 28 29 33 155 158 159
隐私权 155 158 159

优先座位 60
游园礼仪 60 68
幼儿园 99 100 104 168 169
育儿 11 12 13 15 20 151 181 182
育儿休假 11 13 15 20
御岳山 96
原油 126 127
远足 170 171
月岛机械 90

Z

杂志 54 79 86 155 156 157 162 163 164 165 175
灾害留言电话 103
灾害应对型自动售货机 103
灾害志愿者 95 101 105
在野党 143 148 152 153
赞助商 158 163
札幌 7 8 72 76 77 108 109 113 130
札幌奥运会 113 130
札幌冰雪节 8 113
朝日电视台 156 164
朝日新闻 156 157 161 166
朝永振一郎 6
振动发电 91
震级 95 96 103 104 105
震源地 102
正坐 34
政党 143 146 147 148 149 151 152 153 154
政令指定城市 107 108 109 116
知情权 158 164
执政党 146 148 149 152 153
直接请求权 150
直接选举 146 150
职业棒球 173
志愿者活动 89 100 101
制造业 113 122 123 124 127 129 138

中村修二 7
中等教育 167 168
重工业 84 120 121 122 126 128
中国（中国地区） 7 9
中华街 8
中京工业地带 124
中京圈 112 113 116
终身雇佣制 49 120 121 123 128 131 132 134 135 137 138 140
终生未婚率 18
众议院 144 145 146 147 148 149 152 153 154
众议院选举 147 148 154
众议院议员 147 152
主菜 36 38
住友商事 125 138
著作权 155 158 159 165
滋贺 7 9 112 118
资生堂 138 139
自然能源 85 181
自然灾害 1 4 95 96 102 103
自杀对策基本法 185
自杀问题 184 185 189
自行车 61 72 75 90
自由民主党（自民党） 144 148 149 152 154
自救 97 100
综合商社 4 125 138
总统制 146
总务省 12 13 14 15 17 18 19 25 38 50 51 87 97 121 135 151 182
总中流社会 184
纵向社会 131 132 136 140 141
最高法院 145

尊重基本人权 5 144 152
佐贺 7 9
佐藤荣作 6
坐垫 27

英文

AA 制 59 67 68
AKB48 55
AM 157
BOOK OFF 54
BSE（疯牛病） 43 58
E packer 90 91
Eco action point 87 93
ETC 车载器 74
FM 157
GDP 4 49 119 120 122 123 128 132
IC 卡 79
IT 相关行业 123
JAS 法 42
JR 71 76 77 79 80
LDK 23 30 32
MOTTAINAI 83 86
NHK（日本广播协会） 98 156 157 160 162
NHK 红白歌会 160
NHK 环球广播 157
O-157 43
PASMO 79
PHP 研究所 142
SNS 125
Suica 79
TBS 157 156 164
TPP（跨太平洋伙伴关系协定） 40 119 127 128 180 181

后记

用心感受日本

各位读者朋友们，你们好。阅读了本书，大家感觉如何？是否对于日本这个国家有了更加深入的了解？

"日本真是非同一般""日本这个国家好奇怪啊"。每个人在阅读完这本书后的感想可能各不相同。获取知识或许并不是最重要的，重要的是面对大量的信息，我们如何进行感受和理解。

11年前，我曾周游世界，去了世界上40多个国家。由于语言不通，起初我的内心十分忐忑不安。然而之后我发现，这种不安完全是多余的。我想更深入地了解这个国家！我想接触这个国家的人们！不知不觉当中，我内心的想法逐渐传递给了对方，对方也愉快地接受了我这个语言不通的外国人。

周游了40多个国家，最终我决定留在中国。在我去过的这40多个国家当中，中国是最吸引我的。我想了解中国的所有。当然，中国也没有让我失望。历史、社会、语言、文化、自然、民族、政治、教育、饮食等，中国的一切都与日本不同。我逐一体会、细细探求，最终发现了一个之前从未真正了解过的中国。

"我不太喜欢日本人的……。"听到学生对日本做出这样的评价，我的内心是欣喜的。因为这位学生正视了日本，并且会用心去感受和体会日本。日本有很多优秀的方面，当然也不可避免地有很多不足和问题。然而，正是这些优点和不足才构成了如今的日本。感情和睦的夫妇之间需要充分了解对方的优点与不足，并且接受对方的全部。我希望中日两国也可以拥有这般良好的关系。

希望这本书可以引领各位走进日本，去了解日本社会中不为人熟知的更深层次的部分。

日方编者代表　井田　正道

参考資料

第一章　日本的家庭

- 斉藤真緒「男性介護者の介護実態と支援の課題」『立命館産業社会論集』第47巻第3号、2011年
- 小山泰代「女性からみた家族介護の実態と介護負担」『人口問題研究』68－1、2012年
- 「労働力調査（基本集計）」（各年）、総務省、1992年、2012年
- 「労働力調査（時系列）」（各年）、総務省、2010年
- 本田一成著『主婦パート—最大の非正規雇用』光文社新書、2010年
- 「平成25年国民生活基礎調査の概況」厚生労働省、2013年
- 「平成24年就業構造基本調査」総務省、2013年
- 加藤寛監修、第一生命経済研究所編『2011年ライフデザイン白書』ぎょうせい、2010年
- 「平成25年人口動態統計月報年計（概数）の概況」厚生労働省
- 「世界の統計2014」総務省
- 「国勢調査」総務省、1970年、1990年、2010年
- 中西新太郎等（編著）『キーワードで読む現代日本社会』（第2版）、旬報社、2012年
- 「離婚に関する統計」「最高裁判所事務局司法統計年報」司法統計、2013年

第二章　日本的住宅

- 「平成25年住宅・土地統計調査」総務省統計局、2014年
- 「住宅の延べ面積・所有の関係別住宅数」総務省統計局、2008年
- 「家計を主に支える者の通勤時間」総務省統計局、2008年
- 「平成24年度住宅市場動向調査報告書」国土交通省住宅局、2013年
- 盛山正仁著『バリアフリーからユニバーサル社会へ』創英社／三省堂書店、2011年
- 安藤正典著『住まいと病気—シックハウス症候群・化学物質過敏症を予防する—』丸善、2002年

- 桂島宣弘編、アジアにおける日本研究ゼミナール著『留学生のための日本事情入門』文理閣、2005年

第三章　日本的饮食生活

- 「和食：日本人の伝統的な食文化」（静岡文化芸術大学熊倉学長監修）農林水産省、2011年
- 「JPN50選抜総選挙—日本人の好きな料理—」クチコミデータ、2011年
- 「諸外国・地域の食料自給率（カロリーベース）の推移」農林水産省、(1961〜2013)
- 「国民健康・栄養調査」厚生労働省、2013年
- 「日本人の食事摂取基準」厚生労働省、2010年
- 「食料自給率の推移」農林水産省、2010年
- 「よくわかる食料自給率」農林水産省、2014年
- 大野和興「食料自給率が低いことがなぜ問題か」「DEARニュース」111号、開発教育協会、2004年10月
- 「食育に関する意識調査」内閣府食育推進室、2013年
- 「食育基本法と食育推進基本計画」内閣府食育推進室
- 「食育ガイド」内閣府食育推進室
- 「学校給食実施状況調査」文部科学省、2012年
- 「学校給食法並びに同法施行令等の施行について」文部事務次官通達、1954年
- 「もっと知ってほしい食品添加物のあれこれ」日本食品添加物教会、2013年
- 「食品安全員会パンフレット」内閣府、2013年

第四章　日本的物价

- 「消費者が購入する際の商品およびサービスの価格」「消費者物価指数年報」（東京都区部）総務省統計局、2011年
- "IMF-World Economic Outlook Databases"、2014年4月版、10月版
- 「学歴別にみた初任給」「賃金構造基本統計調査（初任給）」厚生労働省、2013年
- 「平成20年住宅・土地統計調査」総務省統計局、2008年
- 「各国の物価水準（日本の物価との比較）」公益財団法人国際金融情報センター公式HP、2015年
- 「家計調査」「家計調査年報」総務省、2013年
- 「消費税（付加価値税）の標準税率」国税庁、2014年
- 「たばこ税」一般社団法人日本たばこ協会公式HP(http://www.tioj.or.jp)、2014年

第五章　日本人的礼仪

- 桂島宣弘編、アジアにおける日本研究ゼミナール著『留学生のための日本事情入門』文理閣、2005年
- 「接客マナー　～マナー辞典～」NPO法人日本サービスマナー協会・公式HP (http://www.japan-service.org/)
- 「大人が子どもに見せてはいけないと思う態度・行動ランキング」gooランキング、2008年
- 「飲食店を利用する際、料理の大切さを5とした時、接客サービスの大切さはどのくらいですか？」C-NEWS編集部、2009年
- 「食事としつけに関するアンケート2009」Benesse食育研究所、2009年
- 「子供と家族に関する国際比較調査の概要」総務庁青少年対策本部、1995年
- 「読売新聞」「被災日本人のマナー、米紙が絶賛」2011年3月15日
- 「Record China」「まるで無声映画、大震災でも秩序を崩さない日本人に喝采」2011年3月16日
- 「時事通信」「なぜ略奪がないの？被災地の秩序、驚きと賞賛―米」2011年3月16日

第六章　日本的交通

- 「都市交通調査」国土交通省、2010年
- 土井靖範「戦後日本の旅客交通政策の評価と今後の戦略課題」『立命館経営学』第45巻第2号、2006年
- ODEC (2011) "Economic Policy Reforms 2011", Going for Growth
- JAMA（一般社団法人日本自動車工業会）公式HP (http://www.jama.or.jp)
- 「道路交通法」第六節の二「横断歩行者等の保護のための通行方法」第三十八条、最終改正：2013年11月27日
- 「平成25年中の交通事故死亡者数について」交通局交通企画課、2014年
- 「死者数・死傷者数・死傷事故件数の推移」（国土交通省HP）
  (http://www.mlit.go.jp/road/road/traffic/sesaku/genjyo.html) を加工して作成
- OECD (Organisation for Economic Co-operation and Development) 公式HP (http://www.oecd.org/)
- 「国際競争力の強化に係る社会資本に関する国際比較」国土交通省、2012年
- 「東京都統計年鑑　平成24年」東京都総務局、2012年
- 三戸祐子著『定刻列車』新潮社、2005年

第七章　日本的环境対策

- 「森林・林業再生プラン」農林水産省林野庁、2009年
- 「あいちの外来種・移入種対策ハンドブック」愛知県公式HP、2012年
- 「海水淡水化技術の普及状況と課題」独立行政法人化学技術振興機構、2009年
- 日本ベーシック株式会社公式HP
- 「地産地消の推進について」農林水産省、2014年
- 「電動ゴミ収集車eパッカーの紹介」日本環境衛生施設工業会、2010年
- 「日本の廃棄物処理・リサイクル技術」環境省HP
- 「自然エネルギー白書2011」自然エネルギー政策プラットフォーム、2011年
- 「革新的エネルギー・環境戦略」内閣官房公式HP、2011年

第八章　日本的防灾対策

- 「兵庫県南部地震における火災に関する調査報告書」社団法人火災学会、1996年
- 「阪神淡路大震災の支援・復旧状況」兵庫県HP、2006年
- 「東日本大震災で日本人はどう変わったか～『防災・エネルギー・生活に関する世論調査』から～」NHK放送研究と調査、2012年
- 「平成23年度第4回インターネット都政モニターアンケート結果」東京都生活文化局、2011年
- 「災害時に命を守る一人一人の防災対策」政府広報オンライン、2013年
- 「東日本大震災における学校等の対応等に関する調査報告書」文部科学省、2012年
- 「防災教育の推進について」「学校等における災害対策の現状と課題」全国都道府県教育長協議会、2013年
- 「わたしの防災サバイバル手帳」総務省消防庁
- 「自主的な防火防災活動と災害に強い地域づくり」総務省消防庁、2011年
- 「高田松原と奇跡の一本松」陸前高田市HP

第九章　日本的城市

- 町村敬志・西澤晃彦著『都市の社会学』有斐閣、2000年
- 長谷川公一・浜日出夫・藤村正行・町村敬志著『社会学』有斐閣、2007年
- 松本通晴「都市移住と結節」松本通晴・丸木恵祐編『都市移住の社会学』世界思想社、1994年
- 「消費動向調査」（各年）、内閣府
- 「世界都市推計」国連統計局、2010年
- 「国土審議会政策部会長期展望委員会『国土の長期展望』中間取りまとめ」国土交通

省、2011年
- 「国勢調査」（各年）、総務省

第十章　日本的経済

- "IMF-World Economic Outlook Databases"、2014年4月版
- 「日本の経済成長率」「国民経済計算」内閣府、2010年
- 「労働力調査」（基本集計）総務省統計局、2014年5月分
- 「有効求人倍率と完全失業率の推移」朝日新聞デジタル、2014年
- 「アベノミクス『三本の矢』」首相官邸公式HP (http://www.kantei.go.jp)
- 「貿易相手先国上位10カ国の推移」財務省貿易統計、2014年
- 「主要輸出入品の推移」財務省貿易統計、2014年

第十一章　日本的企業

- 「毎月勤労統計調査」厚生労働省、1980年、1990年、2000年、2010年、2012年
- 「データブック国際労働比較2013」独立行政法人労働政策研究・研修機構、2013年
- 「賃金構造基本統計調査」厚生労働省、2013年
- 「民間給与実態統計調査」国税庁、2012年
- 「年次経済財政報告」（経済財政政策担当大臣報告）内閣府、2006年
- 「労働力調査（基本集計）2013年11月分」、総務省統計局、2013年
- 河野豊弘著「日米の戦略的意思決定の比較」『学習院大学経済論集』第13巻第1号、1976年
- 「売上高ランキング」日本経済新聞、2013年度
- 松下幸之助著「道をひらく」PHP研究所、1968年
- 「松下幸之助の生涯」パナソニック株式会社公式HP

第十二章　日本的政治

- 石間英雄「政党組織と政党システム～1990年代以降の日本の政党システム～」学士論文　一橋大学社会学部2013年
- 金井利之「『地域における政党』と『地域政党』」『自治総研通巻』419号　pp.39-51、2013年
- 川村一義「日本の政党制の変容と野党第一党の機能」GEMC journal NO.5　pp.80-103、2011年
- 佐藤令「諸外国の選挙制度―類型　具体例　制度一覧―」『調査と情報』第721号pp.1-14、2011年

- 「衆院選挙制度の仕組み」時事ドットコム（http://www.jiji.com）、2014年
- 千草孝雄「戦後日本における地方自治研究に関する一考察」『比較法文化』第21号 pp.1-20、2013年
- 「選挙制度改革の取り組み」総務省HP（http://www.soumu.go.jp/senkyo/kaikaku）
- 待鳥聡史「日本政治の現状と課題」NIPPON.COM、2011年
- 「日本の地方自治その現状と課題」総務省、2011年
- 「地域におけるICT利活用の現状及び経済効果に関する調査研究」総務省、2012年

第十三章　日本的大衆媒体

- 「印刷部数公表」社団法人日本雑誌教会、2013年
- 「出版月報」（2009年11月号）特集「いまコミック産業に何が起きているか−30年間のデータより見えてきたもの−」公共社団法人全国出版教会、2009年
- 「世界の報道の自由度指数(World press freedom index)」国境なき記者団(Reporters Without Borders)、2013年
- 「テレビに関する調査」リサーチバンク、2013年
- 「2013年年間視聴率ランキング」ビデオリサーチ、2015年
- 「情報通信統計データベース」「テレビジョン平均視聴時間量」総務省、2013年
- 「新聞の発行部数と世帯数の推移」日本新聞協会、2013年
- 「WORLD PRESS TRENDS」世界新聞・ニュース発行者協会（WAN-IFRA）、2012年
- 「World Top 10 Newspapers」世界新聞・ニュース発行者協会（WAN-IFRA）、2011年
- 「新聞販売所従業員数、販売所数の推移」日本新聞協会、2012年
- 「2012年日本の広告費」電通、2013年
- 「自国のメディア報道は客観的で公平か」言論NPO「第10回日中共同世論調査」、2014年

第十四章　日本的学校教育

- 「高校・大学進学率の推移」e-Stat学校基本調査年次統計、2013年
- 「学校基本調査」文部科学省、2010年
- 「小学校学習指導要領」文部科学省、2011年改正
- 「中学校学習指導要領」文部科学省、2011年改正
- 「運動部所属中学校生徒数」財団法人日本中学校体育連盟、2009年
- 「運動部所属高校校生徒数」財団法人全国高等学校体育連盟、財団法人日本高等学校野球連盟、2009年
- 「子どもの学校外での学習活動に関する実態調査報告」文部科学省、2008年
- 「学習基本調査・国際6都市調査報告書」Benesse教育研究開発センター、2008年

- 「学校外教育活動に関する調査」Benesse教育総合研究所、2013年
- 「大学生の学習・生活実態調査」Benesse教育総合研究所、2012年
- 「大学生のアルバイトに関する調査」モッピーラボ、2012年
- 石川英輔・田中優子著『大江戸ボランティア事情』講談社、1999年
- 鬼頭宏著『日本の歴史19　文明としての江戸システム』講談社学術文庫、2010年
- 石川英輔著『大江戸生活事情』講談社文庫、1997年

第十五章　日本的社会问题

- 「平成24年版　高齢社会白書」内閣府、2012年
- 「統計からみた我が国の高齢者」「人口推計」総務省統計局、2014年4月1日現在
- 「日本の将来推計人口」国立社会保障・人口問題研究所、2006年
- 「ICT超高齢社会構想会議報告書」（国際連合"World Population Prospects:The 2012 Revision"より）総務省、2013年
- 山田昌弘著『少子社会日本—もうひとつの格差のゆくえ』岩波新書、2007年
- 「平成23年度社会保障費用統計」国立社会保障・人口問題研究所、2011年
- 「社会保障の給付と負担の現状と国際比較」厚生労働省、2014年
- 佐藤俊樹著『不平等社会日本—さよなら総中流』中公新書、2000年
- 「自殺を予防する-世界の優先課題」（"Preventing Suicide: A global imperative"）世界保健機構（WHO）、2014年
- 「平成25年中における自殺の状況」警察庁統計、2014年
- 「人口統計資料集　2013年版」国際社会保障・人口問題研究所、2013年
- 「平成25年簡易生命表」厚生労働省、2014年